LUCIA UGONI

ÉPISODE

DU RÈGNE DE L'EMPEREUR FRÉDÉRIC II

PAR

A. THOLMEY

TOURS

ALFRED MAME ET FILS, ÉDITEURS

BIBLIOTHÈQUE

DE LA

JEUNESSE CHRÉTIENNE

APPROUVÉE

PAR Mgr L'ARCHEVÊQUE DE TOURS

3e SÉRIE IN-8°

P. 43.

L'astrologue dit enfin à Lucia : « Tu seras reine. »

LUCIA UGONI

ÉPISODE

DU RÈGNE DE L'EMPEREUR FRÉDÉRIC II

PAR

A. THOLMEY

TOURS

ALFRED MAME ET FILS, ÉDITEURS

M DCCC LXX

LUCIA UGONI

I

L'ATTENTE

En l'an de grâce 1245, Bologne brillait parmi les plus nobles cités de l'Italie. A cette époque difficile, où la Péninsule était le théâtre d'une guerre acharnée entre le sacerdoce et l'Empire, elle faisait cause commune avec les villes lombardes, liguées pour défendre à la fois le pontife romain et leur propre indépendance contre les empereurs allemands.

Ces princes, avides de pouvoir, répudiaient les traditions léguées par Charles le Grand, et méconnaissaient les conditions imposées aux titulaires du nouvel empire : protéger l'Église et les nations chrétiennes.

Au lieu d'imiter les illustres exemples du fils immortel de Pepin, ils voulaient renouer la chaîne des maîtres abjects de l'ancienne Rome, dominer en despotes, et même commander aux consciences.

Tandis que des guerriers intrépides traversaient les mers pour attaquer à son foyer la barbarie musulmane, les empereurs teutons s'efforçaient d'importer en Occident les mœurs infâmes de l'islamisme.

Frédéric II, de la maison des Hohenstaufen, s'était entouré de Sarrasins; il avait appelé les infidèles à sa cour, dans ses armées, dans ses places fortes. Appuyé sur ces étrangers, qui ne redoutaient point les anathèmes du pontife, il foulait aux pieds toutes les lois divines et humaines.

Le césar allemand avait engagé une lutte impie avec la croix du Christ.

Mais la croix, plantée triomphalement dans Rome après trois siècles de persécution, devait être plus immuable que le rocher du vieux Capitole. Elle résistait énergiquement à la tempête, aux flots soulevés des passions et des haines. Du haut de leur siége impérissable, les successeurs de Pierre bravaient leurs ennemis implacables, et les foudroyaient aux applaudissements des peuples.

Ces vieillards, qui se relayèrent pour faire face à l'orage, avaient animé d'un souffle généreux les villes italiennes; ils les avaient confédérées en faveur de la religion et de la civilisation.

Bologne, maintenant fièrement son indépendance, n'avait jamais subi le joug de Frédéric. Justement renommée par son université, sanctuaire de la science, elle s'enorgueillissait encore de former un rempart inexpugnable contre l'oppression étrangère. L'épée de ses soldats était au service de la papauté et de la liberté républicaine.

C'était un rôle magnifique.

Or, en cette année 1245, au commencement du mois d'août, un calme relatif régnait dans la Péninsule. L'Empereur n'avait point désarmé, il est vrai, et les villes de la ligue lombarde épiaient avec défiance tous ses mouvements.

Mais, pendant ce temps, de graves événements s'accomplissaient à Lyon. Le pape Innocent IV avait convoqué un concile général dans cette cité, pour juger solennellement Frédéric II.

Le tyran, inquiet, avait député à l'assemblée ses deux principaux ministres, Taddeo de Suessa et Pierre des Vignes; puis, suspendant toutes ses entreprises, il s'était arrêté à Turin, où il attendait l'issue des délibérations.

A Bologne aussi on se préoccupait vivement des résultats du concile. Magistrats et citoyens espéraient qu'une sentence terrible frapperait le monarque allemand. La ville avait dépêché à Lyon le fils du podestat, et l'on calculait que le retour de l'envoyé ne pouvait tarder longtemps.

Felippo Ugoni exerçait l'autorité suprême à Bologne, cette année-là. Actif, audacieux, dévoué à l'Église autant qu'à sa patrie, il supportait impatiemment la trêve tacite amenée par les circonstances. Il eût désiré signaler la courte période de sa magistrature par quelque exploit mémorable.

Mais Ugoni n'était pas homme à violer les règles de la prudence, ni à compromettre la république pour satisfaire des aspirations personnelles. Il demeurait l'arme au bras, prêt à combattre de nouveau quand sonnerait l'heure propice.

Pour le moment, il se contentait de veiller à la sûreté de Bologne, de son territoire et des forteresses que la ville avait construites jusqu'à la base des Apennins.

On était au 6 août. Le soleil descendait lentement à l'horizon, embrasant l'atmosphère de ses derniers feux. Les flèches des clochers de Bologne, le faîte des tours qui défendaient les palais et les monuments publics, baignés dans une lumière étincelante, se découpaient gaiement sur le ciel bleu.

Le podestat venait de rentrer dans la demeure splendide que lui fournissait la république.

A chacun des quatre angles de l'habitation bâtie en forme de parallélogramme, s'élevait une tour percée de meurtrières. La plate-forme crénelée surplombait de son parapet de pierre le fossé creusé autour du palais.

Des soldats occupaient les tours, et deux sentinelles se tenaient constamment sur la terrasse de l'édifice.

Les maisons qui bordaient la rue étroite conduisant au palais se terminaient par un pignon grisâtre, d'un aspect singulièrement pittoresque. La plupart étaient précédées de portiques, où le peuple se réfugiait en temps de chaleur ou de pluie. Durant les soirées d'été, des groupes nombreux y venaient stationner.

On accédait à l'intérieur de l'habitation du podestat par un pont-levis, ordinairement baissé pendant le jour.

Un factionnaire gardait la porte en chêne massif, piquée de clous à têtes énormes et munie de verrous gigantesques.

Elle était à plein cintre ornementé de sculptures élégamment fouillées, lesquelles contrastaient avec l'aspect sombre de l'édifice.

Nulle fenêtre sur la voie publique, hormis les ouvertures destinées aux armes défensives. Au-dessus de la porte, la loge de pierre du veilleur de nuit.

Le fossé était à moitié rempli d'une eau verdâtre, plaquée çà et là de lichens de même couleur. Une mousse courte et maigre recouvrait les pierres de revêtement, ainsi que le pied des murailles de l'édifice.

Des giroflées sauvages aux fleurs jaunes, des joubarbes au ton glauque, suspendues dans les interstices, rompaient l'uniformité de ses murs austères.

Après avoir franchi la porte, on pénétrait sous une voûte sombre débouchant dans la vaste cour dessinée par les quatre ailes du palais.

Au centre de cette cour, une fontaine de marbre blanc. Les eaux, jaillissant de l'urne qui la couronnait, retombaient en perles liquides dans la vasque spacieuse.

Une allée circulaire, tapissée de sable fin et bordée de fleurs, aboutissait au perron. Sur les côtés de la fontaine, des arbustes, orangers, citronniers, étalaient leurs feuillages de teinte foncée.

Ces fenêtres étroites, cintrées comme la porte, ouvraient sur les quatre côtés, à l'intérieur de la cour.

A gauche, au rez-de-chaussée, les écuries; à droite, la salle d'armes; au-dessus de la grande porte, la demeure des soldats.

Le podestat et sa famille occupaient l'aile entière vis-à-vis de la porte.

Un portique dont les arcades reposaient sur des pilastres carrés régnait tout autour, atténuant la sévérité de l'architecture du palais.

Les degrés du perron montaient sous une de ces arcades, plus large que les autres.

De chaque côté, une balustrade de marbre, le long de laquelle on voyait des vases de même matière garnis de fleurs éclatantes.

La porte, à deux vantaux, était surmontée des armes de Bologne.

Au fond du vestibule, un large escalier de marbre; ici la salle d'audience, là celle où le podestat réunissait le conseil de guerre.

L'escalier menait au seul et unique étage de l'édifice. C'était là proprement l'habitation particulière du suprême magistrat de la république et de sa famille.

Un second vestibule, pavé en mosaïque, mais de moindre dimension que le premier, donnait accès dans une vaste salle, puis dans une série d'appartements meublés avec luxe.

La salle, opposée à l'escalier, était de forme carrée. La voûte, très-élevée, offrait aux regards diverses sculptures dénotant le progrès des arts.

Les murs étaient revêtus de riches tapis de Flandre.

Au milieu apparaissait une large table oblongue en marbre blanc, encadrée de bronze, et reposant sur douze pieds cylindriques.

Pour tout ornement, elle supportait un immense candélabre de bronze à sept branches chargées de flambeaux de cire.

Des siéges en bois sculpté l'entouraient.

Plusieurs fauteuils à dossier élevé étaient placés aux abords des fenêtres.

Ces fenêtres, au nombre de cinq, ouvraient non point sur la cour, puisque la salle faisait face à l'escalier, mais sur un jardin planté d'arbres et entouré de murs, avec lequel le palais communiquait par une poterne et un pont-levis très-étroit jeté sur le fossé.

Le palais était construit dans la partie supérieure de la ville; la vue planait de là sur la campagne. On découvrait les sommets des Apennins, qui se fondaient au loin dans la brume bleuâtre.

Divers meubles de prix, quelques consoles de marbre précieux, achevaient l'ornementation de la salle.

Outre la porte d'entrée, il y en avait deux autres à chaque extrémité, par lesquelles on communiquait avec les appartements.

A l'heure où le podestat était rentré dans le palais, trois femmes se trouvaient dans la salle, debout et devant une fenêtre ouverte.

La plus âgée, qui pouvait avoir quarante-cinq ans, s'était appuyée du coude sur une console, et son regard plongeait vaguement dans l'espace, du côté du jardin.

C'était Madonna Francesca, la femme de Felippo Ugoni.

Sa physionomie exprimait à la fois la douceur, la fermeté, la bonté. Sur son visage serein on lisait le calme que procure la vertu. Une ombre d'inquiétude obscurcissait son front et ses traits, dont le temps n'avait point altéré la pureté et la distinction.

Francesca était vêtue d'une robe de linon à plis flottants, serrée à la taille par un ceinture de soie cramoisie.

A sa gauche, deux jeunes femmes se tenaient affectueusement par les mains en souriant.

La première, la plus rapprochée de la matrone, était l'épouse de son fils Guido, parti pour le concile et dont on attendait le retour.

La gracieuse enfant, admise récemment dans la famille du podestat, avait réconcilié Ugoni avec Ottone Visconti, son père, un des plus puissants personnages de Bologne.

Silvia portait le même costume que Madonna Francesca; cette mise, simple et élégante en même temps, faisait encore valoir sa taille svelte et ses formes charmantes. Moins grande que sa bellemère, elle avait une beauté piquante, l'air enjoué, l'œil intelligent et subtil. Ses longs cheveux noirs flottaient en boucles opulentes sur ses épaules. Du reste, à l'exemple de la matrone, elle ne portait aucune parure.

L'autre jeune fille, de stature plus élevée, la dominait de la tête. Habillée avec plus de recherche, elle avait un collier de perles et une ceinture brodée d'or.

Les traits de Lucia semblaient modelés sur le type des statues antiques; c'était le profil grec avec une teinte de mélancolie. Son visage, d'un ovale parfait, sa carnation d'albâtre, sa chevelure d'ébène rattachée au sommet de la tête avec une longue aiguille d'or, rappelaient ces vierges d'autrefois dont le ciseau des grands artistes d'Athènes nous a conservé l'image sur les frises du Parthénon.

Les trois femmes venaient d'entrer dans la salle, et aucune d'elles n'avait encore rompu le silence, quand la porte de droite s'ouvrit, livrant passage à un homme de cinquante ans environ.

Il s'avança d'un pas grave et mesuré. Sa haute taille, ses membres musculeux, l'élasticité de sa démarche, attestaient une rare vigueur. Ses cheveux et sa barbe grisonnaient. Ses traits mâles et accentués décelaient l'énergie de l'âme, un caractère fortement trempé.

Les trois femmes se retournèrent.

« Mon père! fit Lucia.

— Quelles nouvelles? demanda la matrone en fixant sur le podestat un regard interrogateur.

— Aucune, répondit Felippo Ugoni en se jetant dans un fauteuil.

— Ainsi voilà plusieurs semaines que nous n'avons rien appris au sujet de Guido! reprit Madonna Francesca. Que se passe-t-il à Lyon? L'Empereur aurait-il marché sur la ville et dispersé le concile? »

En achevant ces mots, elle s'assit en face de son mari.

Silvia et Lucia demeuraient debout, appuyées l'une sur l'autre.

« Frédéric, je le sais, n'a pas quitté Turin,

répliqua le podestat. Son intention était d'abord de se présenter en personne à l'auguste assemblée; mais il a reculé au dernier moment, soit conscience de sa mauvaise cause, soit crainte de l'humiliation légitime qui l'attendait.

« Aujourd'hui, de la ville où il s'est arrêté, il prête une oreille anxieuse aux bruits venant de l'autre côté des monts. Il espère encore que ses députés, Taddeo de Suessa et Pierre des Vignes, éloquents et habiles tous les deux, obtiendront au moins un sursis.

— Crois-tu que le pape Innocent IV et les prélats consentiront à l'accorder?

— Non, je ne le pense pas. Le pontife connaît trop le caractère perfide du tyran pour se fier à ses belles paroles. Il n'a pas oublié que Frédéric a tenté, l'année dernière, de s'emparer de sa personne. Innocent a dû s'enfuir de Rome pour échapper aux mains de son mortel ennemi, et ce n'est qu'à travers mille périls qu'il a pu gagner Cività-Vecchia, Gênes, puis la ville de Lyon.

« Quoique appartenant nominalement à l'Empire, l'illustre cité jouit en réalité d'une complète indépendance, et le pape n'a rien à redouter dans ses murs.

— L'Empereur est bien puissant! murmura Lucia.

— Il l'est moins que le pontife, répondit Felippo Ugoni avec vivacité. Qu'il se souvienne de ses prédécesseurs, et il comprendra que le chef de l'Église ne saurait succomber.

« Barberousse aussi était maître de nombreuses provinces et de légions aguerries; pourtant il lui fallut un jour déposer les armes, s'humilier devant le pontife, confesser ses crimes et promettre de s'amender.

« Quant à Frédéric, malgré son astuce, il n'a pas encore réussi à dompter nos villes lombardes; et, jusqu'à ce jour, aucun de ses soldats ne peut se vanter d'avoir violé l'enceinte de Bologne. Non, l'héritier des Hohenstaufen ne triomphera pas du représentant du Christ.

— Le prince n'est-il point aussi le représentant de Dieu? objecta Lucia, qui paraissait déterminée, sinon à justifier, du moins à atténuer les torts du césar teuton.

— Oui, sans doute, son autorité est respectable quand il ne l'emploie pas à ruiner les fondements de la société, à pervertir les consciences, à opprimer les peuples. Or, durant son règne, Frédéric n'a fait que du mal. Si le pape, au nom de la religion, ne s'opposait point à ses entreprises, il nous soumettrait tous à un régime pareil à celui de l'islamisme.

« Il n'a pas suffi au tyran de s'entourer de Sarrasins, il les a établis à Luceria, ensuite à Nocera, au sein même de notre péninsule, et ils constituent la partie la plus considérable de son armée. Que sert-il à nos frères de quitter patrie, famille, bien-être, pour aller, au delà des mers, combattre les infidèles et sauvegarder la civilisation chrétienne, si un prince teuton peut, au gré de ses caprices, nous imposer une loi maudite et des mœurs barbares? »

Le podestat s'exprimait avec une animation croissante. Il venait de résumer les accusations formulées contre Frédéric II par la chrétienté tout entière.

Madonna Francesca et Silvia approuvaient Felippo par leur attitude et leurs gestes. Seule, Lucia protestait en secouant la tête d'un air incrédule. Une légère rougeur produite par le dépit marbrait ses joues, et ses noires prunelles dardaient des éclairs.

Ses lèvres pâles, contractées, tremblantes, disaient assez combien le langage de son père lui déplaisait.

Ugoni, à qui les impressions de sa fille n'avaient point échappé, et qui connaissait sans doute ses idées sur la question qu'il traitait, fixa sur elle un regard sévère et prolongé, sous lequel les yeux de Lucia se baissèrent.

Le bras de la jeune opposante, passé dans celui de Silvia, se resserra par une contraction nerveuse et violente, qui fit chanceler la femme de Guido.

Madonna Francesca, témoin de l'agitation de Lucia, lui dit avec l'accent de la tristesse :

« Pourquoi, ma fille, t'obstiner toujours à défendre une cause perdue?

— L'Empereur est le plus puissant des monarques du monde, et nul n'arrachera ce sceptre de ses mains vaillantes, répliqua Lucia avec une intention provocatrice.

— Tu n'as pas compris ma pensée, reprit la matrone : j'appelle une cause perdue la situation de l'homme dont les forfaits avérés ne peuvent même bénéficier d'une légère excuse. Or tel est le cas de Frédéric. Il s'est joué des choses les plus sacrées, des sentiments les plus saints, des institutions les plus augustes. Ce sceptre dont tu parles est rouge de sang, du sang des innocents.

— Je crains, enfant, appuya le podestat avec plus de compassion que de colère, que tu ne sois le jouet de certains charlatans dont il serait utile peut-être de purger notre territoire. »

A ces mots, le visage de Lucia s'empourpra, et elle se troubla visiblement. Toutefois elle répliqua d'une voix émue :

« Est-il donc impossible, mon père, que les passions politiques obscurcissent le jugement des ennemis de l'Empereur? Mon frère Guido a vu le prince, il y a deux ans, à la cour que Frédéric tenait à Padoue, au palais de son gendre Eccelino, et il nous a raconté quel éclat entourait le maître de l'Empire. Poëte, littérateur, instruit autant qu'on peut l'être, le monarque accueille avec une merveilleuse courtoisie les savants et les lettrés. Ses trois fils, Conrad, Manfred et Enzio, forment le plus bel ornement de sa cour. Guerriers illustres comme leur père, ils cultivent à son exemple les lettres et les arts. La nature, dit-on, les a doués de toutes les qualités; l'Empereur est fier de sa famille, et il a raison.

— Ainsi, demanda Ugoni avec amertume, toi, la fille d'un Guelfe; toi, née dans une ville libre et s'honorant d'appartenir au glorieux parti des Guelfes, tu défends les Gibelins? »

On appelait Gibelins les amis des empereurs teutons, du nom de Weiblingen, qui désignait aussi les Hohenstaufen; on appelait Guelfes les partisans des papes et de la liberté, du nom de Welf, un duc de Bavière qui jadis avait combattu la tyrannie impériale.

Lucia avait reçu une éducation sérieuse et complète; mais son caractère absolu et certaines influences lui avaient inspiré pour la puissance impériale une admiration qu'elle ne déguisait pas. L'esprit faussé par le souvenir des Césars de l'ancienne Rome, elle détestait le gouvernement populaire, méprisait intérieurement cette autorité précaire qui prévalait dans Bologne et les villes lombardes. Son imagination, dominée par l'orgueil, lui représentait sans cesse les fêtes pompeuses célébrées dans les demeures princières. Elle se disait que si sa patrie était soumise à l'Empereur, toutes les femmes d'un rang distingué auraient place dans les solennités du palais de Frédéric.

Une ambition immense ravageait l'âme de la jeune fille, et elle se sentait humiliée à la pensée de rentrer dans la foule au jour prochain où expirerait la magistrature annuelle de son père.

Aussi osa-t-elle répondre à la question de Felippo :

« Les Gibelins ont répandu sur l'Italie un éclat que leurs adversaires ne lui donneront jamais. Sous la main d'un homme de génie tel que l'Empereur, la Péninsule recouvrerait certainement la splendeur des âges écoulés : elle règnerait encore sur le monde par les armes, par la science et les arts.

— Certes, ce n'est pas l'intelligence et le talent qui manquent au tyran, répliqua Ugoni, mais l'honnêteté.

« Pour lui, la suprême puissance n'est ni une fonction ni un devoir, c'est uniquement un droit absolu à exercer. Il veut qu'on regarde sa volonté comme la loi vivante, indiscutable. S'il persécute avec acharnement le pontife, c'est pour plier son ministère inviolable aux fantaisies du despotisme. Voilà la vérité.

« Au nom du vieux droit romain, il rêve le rétablissement de l'empire païen que le christianisme a brisé.

« Quel profit nous apporterait une semblable domination? Est-ce que nos villes italiennes affranchies du joug ne sont pas mille fois plus heureuses que les provinces soumises à Frédéric? Elles s'agitent parfois, j'en conviens; leurs rivalités suscitent des conflits regrettables; mais il est rare que le sang coule. Que si, par extraordinaire, on en vient aux mains, les victimes sont peu nombreuses; les cadavres ne s'entassent point sur les champs de bataille ou sur les échafauds, comme il arrive avec l'empereur allemand. »

Lucia, revenue de son premier mouvement, sentit qu'elle était allée trop loin.

« La liberté dont nous jouissons à Bologne est un bien que j'apprécie, dit-elle; mais que de périls nous crée la situation présente! Le concile de Lyon peut incendier le monde.

— Comment cela? fit le podestat.

— Si l'Empereur est condamné, il est capable de se porter aux dernières extrémités.

— Et que fera-t-il de plus? Dans ses rapports avec nos cités italiennes, il s'est joué de la foi publique; il a inondé de sang la Péninsule; il a lâché sur nous ses musulmans comme une meute de chiens avides de carnage ; il n'a pas même respecté les évêques, les jetant dans les prisons, ou ordonnant leur supplice, pour châtier leur résistance. »

Au moment où Felippo achevait ces paroles, la porte par où il était entré s'ouvrit brusquement, et un personnage étrange pénétra dans la salle, gambadant et sautant d'une manière grotesque.

L'attention du podestat et celle des trois femmes se portèrent sur le nouveau venu.

C'était une espèce de nain à la tête énorme, coiffée d'un bonnet pointu entouré de sonnettes d'argent.

Ses petits yeux, enfoncés sous d'épais sourcils, avaient un éclat singulier. Ses joues imberbes tombaient, flasques et jaunes. Son nez démesuré semblait tendre à contracter mariage avec son menton proéminent.

Entre le nez et le menton, des lèvres minces. Il portait une tunique rouge, serrée avec une ceinture blanche.

Ses bottines, rouges également, montaient à mi-jambes, tranchant sur ses bas blancs.

Il tenait à la main une sorte de caducée, insigne des bouffons que les grandes familles de l'époque entretenaient ordinairement dans leur demeure.

Matteo était le bouffon du podestat. Se voyant devenu le point de mire des assistants, il sauta sur la table de marbre, se redressa contre le candélabre, et regarda, les bras croisés, Felippo

Ugoni avec un sérieux si comique, que Silvia ne put réprimer un éclat de rire.

Seul, le podestat parut mécontent de l'apparition de l'intrus.

« Qui t'a permis, drôle, de nous déranger? » dit-il avec sévérité.

Matteo fit une grimace si burlesque, en singeant le geste et l'attitude de Felippo, que ce dernier se dérida promptement.

Madonna Francesca, que la discussion survenue entre son mari et sa fille avait profondément contristée, sourit également.

Seule, Lucia demeura impassible. L'acte d'accusation dressé par son père contre l'Empereur l'avait irritée. Sa nature altière supportait mal la contradiction, et les événements, qui démentaient chaque jour ses préférences, froissaient son orgueil.

Au lieu de répondre, le bouffon sauta à terre, et alla se planter devant le podestat en remuant les lèvres.

« Tu te tais? reprit Ugoni.

— Maître, répliqua enfin Matteo d'une voix aigre et flûtée, ne m'avez-vous pas recommandé de tourner sept fois la langue dans ma bouche avant de parler? »

Et, comme pour témoigner avec quelle exactitude il observait le précepte, le nain desserra les lèvres avec un effroyable rictus courant d'une oreille à l'autre, agita ostensiblement sa langue; puis, après cette manœuvre, il ajouta :

« Maître, je suis venu vous prévenir qu'une conjonction extraordinaire de deux planètes nous annonce pour aujourd'hui de grands événements.

— Je t'ai défendu maintes fois déjà d'employer le langage de l'astrologue Barrettone ; tu sais combien ce vieillard me déplaît avec ses pratiques mystérieuses. Il est, je crois, plus fou que toi encore.

— Tel est mon avis, maître, fit le bouffon en s'inclinant ; mais mon amie Lucia ne partage point notre appréciation. »

La jeune fille lança au nain un coup d'œil fulgurant.

« Oh ! je sais, poursuivit-il, que mon amie Lucia a de bonnes raisons de penser autrement que nous sur Barrettone.

— Et lesquelles ? interrogea le podestat.

— C'est qu'avec elle, il a langue dorée... »

Lucia ne lui donna pas le temps de compléter sa phrase. Hors d'elle-même, elle le saisit par le bras avec force, et le repoussa rudement en criant d'une voix étranglée :

« Va-t'en, odieux bavard ! Garde-toi, à l'avenir, de paraître en ma présence. »

Ensuite, se tournant vers son père :

« Ce misérable, ajouta-elle, épie toutes mes actions, toutes mes démarches, qu'il s'efforce d'interpréter en mauvaise part. J'ai rencontré une fois, par hasard, l'astrologue, qui m'a parlé courtoisement...

— Comme on le fait à la cour de l'Empereur, compléta Matteo, qui avait reculé jusqu'à la table de marbre. »

A cette insolence nouvelle, Lucia, exaspérée,

se précipita sur le bouffon, lui arracha sa marotte, et lui en appliqua un coup sur les épaules.

Matteo franchit la table d'un bond en hurlant de douleur, mais ne quittant pas la salle.

Lucia, honteuse de s'être oubliée, jeta au nain son caducée, et revint auprès de son père, pâle et frémissante de colère.

Tout cela s'était fait si rapidement, que ni le podestat, ni sa femme, ni Silvia n'avaient eu le temps d'intervenir.

Cependant le nain, debout et immobile de l'autre côté de la table, paraissait méditer quelque autre méchanceté.

Alors Felippo, l'appelant du geste, lui dit avec autorité :

« Matteo, tu as insulté ma fille; demande-lui pardon sur-le-champ. »

Le bouffon, sans répliquer un mot, fit lentement le tour de la table et s'approcha du groupe, les yeux baissés.

Arrivé devant la jeune fille, il s'agenouilla, les mains jointes :

« Madonna Lucia, dit-il, daignez oublier les folies de Matteo.

— Relève-toi, et sois plus réservé une autre fois, recommanda Lucia apaisée.

— Maintenant, ordonna Ugoni, retire-toi. »

Le nain obéit.

Il alla reprendre sa marotte, qu'il avait laissée à la place où elle était tombée, et regagna la porte de la salle.

Quand il fut parvenu sur le seuil, il se retourna, et s'adressant à la jeune fille, il lui cria :

« Mon amie Lucia, lorsque vous serez à la cour de l'Empereur, vous rendrez témoignage de ma politesse. »

Et il s'esquiva avec un éclat de rire sauvage.

Lucia chancela sous ce nouvel outrage, et tomba affaissée, sur un siége, à côté de sa mère.

Madonna Francesca, émue de cette scène, soutint sa fille dans ses bras, et s'efforça de la consoler par d'affectueuses paroles.

Lucia, cachant sa tête dans le sein de la matrone, pleura et sanglota pendant un instant.

Son père et sa belle-sœur la contemplaient avec tristesse.

Quand elle se fut calmée, le podestat prit la parole :

« Matteo, dit-il, devient parfois intraitable. Pourtant il ne faut pas trop lui en vouloir : le rôle qu'il remplit ici lui donne une certaine liberté de parole que nous devons nous résigner à tolérer. Peut-être, avant d'entrer, a-t-il entendu prononcer le nom de l'Empereur. Or Frédéric a fait périr le père du nain dans d'effroyables supplices, et le souvenir du prince est exécré du bouffon.

— Il avait sans doute mérité son sort, répondit Lucia avec aigreur : par le fils on peut juger du père.

— Matteo est infirme d'esprit et mérite quelque indulgence, dit Madonna Francesca : il ne comprend pas toujours la portée exacte de ses paroles.

— Ma mère, je désire ne plus entendre parler de ce malheureux, » répliqua la jeune fille, dont la rancune contre le bouffon ne diminuait pas.

Le tête-à-tête devenait pénible dans la grande salle du palais.

Heureusement un serviteur vint prévenir le podestat que le repas du soir était servi.

Felippo Ugoni et les trois femmes se dirigèren vers la pièce où la table était dressée.

II

LA TOUR DU MATHÉMATICIEN

Pendant de longs siècles, tous les peuples du monde avaient foulé le sol de l'Italie, laissant, bon gré, mal gré, quelque trace de leur passage.

Les Gaulois avaient d'abord traversé la Péninsule en vainqueurs, campé sur les ruines fumantes de Rome, et imprimé dans l'âme des futurs conquérants du monde une terreur ineffaçable.

Vaincus plus tard, ils fournirent à la ville éternelle un cortége triomphal, puis des légions, des sénateurs et même des empereurs.

Africains, Grecs, Asiatiques, visitèrent tour à tour, après avoir subi le joug, le berceau de ceux qui les avaient subjugués, mêlant leur sang au sang de la famille latine.

De tous les points du monde les races humaines avaient accompli ce pèlerinage imposé par la force, apportant à l'Italie leur contingent de science, de vices, de superstition.

Au XIIIe siècle, ces vestiges n'étaient point effacés, il s'en fallait. Des intelligences inquiètes, tourmentées du besoin de connaître les secrets du présent et les mystères de l'avenir, scrutaient avidement toutes les traditions et s'initiaient aux connaissances occultes, en dépit des anathèmes de l'Église.

Plusieurs, non contents des révélations acquises dans leur pays, entreprenaient de longs voyages en Orient, pour surprendre de nouveaux procédés d'investigation.

Les Arabes, les Juifs, jouissaient à cet égard d'une réputation qui était à la fois l'objet de la curiosité et de l'exécration des peuples.

Astrologues, magiciens, alchimistes, on leur attribuait la faculté de lire dans les astres la destinée des hommes, le pouvoir d'évoquer les esprits, la science de découvrir des trésors ou de transmuer les métaux.

Les princes ignorants les recherchaient, prêts à toutes les duperies; les habiles faisaient d'eux des instruments redoutés de la tyrannie.

Or, au temps où commence cette histoire, il existait à Bologne un personnage célèbre dans les sciences occultes, Jean Barrettone, le même dont il a été question au chapitre précédent.

Il avait occupé la chaire d'astrologie, instituée par l'université de la ville. Mais, depuis quelques années, il s'était retiré dans une tour solitaire, pour s'y livrer à des expériences.

Cette tour s'élevait sur une colline, hors des murs de la place; Barrettone en sortait rarement. Protégé par sa vieille renommée autant que par la superstition du vulgaire, il n'était troublé par qui que ce fût.

Un vieux serviteur qui ne l'avait pas quitté depuis sa retraite se rendait deux fois par semaine à Bologne, pour les provisions nécessaires. Muet à toutes les questions indiscrètes, il ne rendait compte à personne des occupations de son maître.

Cependant le bruit courait que Barrettone recevait parfois des visites. On répétait que des citoyens illustres de la ville, et même des seigneurs de la cour de Frédéric, avaient été admis furtivement dans la tour de l'astrologue.

Quant à lui, on l'avait rencontré, à de longs intervalles, dans les rues de la cité; mais nul ne pouvait dire le but de ses excursions.

Le podestat, un des hommes les plus éclairés de son temps, méprisait souverainement les astrologues, qu'il appelait des charlatans, et il n'avait pas dépendu de lui qu'on n'expulsât Jean Barrettone du territoire de la république. Il le regardait comme un personnage dangereux et à surveiller.

Mais l'ancien professeur avait d'ardents protecteurs jusque dans le sénat de Bologne; plusieurs maîtres de l'université le défendaient comme un des leurs, bien qu'il n'enseignât plus officiellement. Or le recteur avait juridiction civile sur les écoliers et sur les docteurs, de sorte que l'intervention de la magistrature ordinaire, au sujet de l'astrologue, eût amené infailliblement un conflit.

Lucia Ugoni, avec son imagination de feu,

sa volonté indomptable, son orgueil démesuré, ne pouvait manquer de s'occuper du savant, et de rêver aux moyens de le voir.

Quoiqu'elle n'eût que dix-huit ans, l'autorité paternelle lui pesait, non à cause de sa dureté, mais uniquement parce que c'était l'autorité, et elle appelait de tous ses vœux le moment qui l'en affranchirait.

Pourtant, au fond, elle aimait ses parents, mais à sa manière.

Déjà plusieurs jeunes Bolonais de distinction avaient sollicité sa main; elle les avait éconduits, malgré les sympathies de son père pour quelques-uns.

La jeune fille aspirait vaguement à une situation supérieure : elle portait ses regards hors de sa patrie, et souhaitait en secret une alliance princière.

Les récits de Guido, son frère, qui avait vu à Padoue la cour de l'Empereur, avaient laissé une profonde impression dans son esprit. Le moindre despote de l'Italie lui semblait bien supérieur à un podestat de Bologne, magistrat annuel qui, au terme de sa charge, rentrait dans la classe des simples citoyens.

Dans ces dispositions, elle devait désirer de consulter Barrettone.

Mais comment s'y prendre, l'astrologue ne venant presque jamais à la ville?

Aller le trouver à l'insu de ses parents, c'était difficile, pour ne pas dire impossible.

Néanmoins Lucia ne se désespéra pas.

Parmi les femmes attachées à son service, il en

était une qui, par calcul ou par faiblesse, se pliait aveuglément à tous ses caprices. Lucia résolut de la prendre pour confidente, et de préparer avec elle la réalisation de son projet.

Cette femme se nommait Mathilde. Elle habitait depuis douze ans la maison de Felippo Ugoni, et avait vu grandir la fille du Bolonais.

Veuve et sans enfants, elle avait maintenant près de cinquante ans.

Un des frères de Mathilde faisait partie de la garde du palais du podestat, et commandait une compagnie d'archers. Cet homme, âgé d'environ quarante-cinq ans, avait toujours porté les armes; il avait même servi autrefois sous Frédéric, puis sous le fils aîné de l'empereur Henri, élu roi des Romains.

Le jeune prince, en 1234, s'étant déclaré contre son père, s'allia avec la ligue lombarde, en confirmant l'indépendance des villes italiennes.

Mais les troupes allemandes et musulmanes de Frédéric l'emportèrent sur celles de Henri. Le prince, vaincu, dut aller à Mayence implorer la clémence de son père. Frédéric envoya son fils dans un château de la Pouille, où ce dernier mourut prisonnier.

Ce fut alors qu'Arnaud Trecati, le frère de Mathilde, se mit à la solde de Bologne. C'était un brave guerrier, intrépide sur le champ de bataille, doux et obligeant dans la vie privée, aimant sa sœur et ne sachant rien lui refuser.

Lucia Ugoni s'ouvrit donc un jour à Mathilde de son dessein d'entrer en relation avec l'astrologue. La camériste tenta de détourner sa maîtresse de cette idée. Elle objecta les répugnances bien connues du podestat pour Barrettone et les gens de cette sorte; mais ce fut en vain. Lucia persista opiniâtrément, et Mathilde finit par consentir à préparer les voies pour une entrevue.

Ce n'était pas chose facile pour la jeune fille de quitter le palais et la ville sans l'aveu de ses parents.

De plus, il fallait prévenir l'astrologue, obtenir la certitude d'être reçue, afin de ne point faire une course inutile.

Lucia et la caméristе reconnurent qu'il était indispensable d'initier Arnaud Trecati au secret. Mathilde se chargea de ce soin.

Le capitaine arrêta sa sœur dès les premiers mots.

« En agissant ainsi, dit-il, nous abuserions tous deux de la confiance du podestat. Cela ne se peut pas.

— Lucia l'exige, répondit la caméristе.

— Alors fais-lui observer qu'elle commettrait une faute grave, et que nous-mêmes nous assumerions une responsabilité redoutable.

— Je la connais, elle ne voudra rien entendre.

— Eh bien, il vaut mieux mécontenter Lucia que ses parents.

— En refusant de me prêter à sa fantaisie, reprit Mathilde, la vie pour moi deviendra un enfer : si tu ne consens pas à m'aider, je préfère, dès aujourd'hui, renoncer à mon service chez Felippo Ugoni. »

La caméristе paraissait si contristée, qu'Arnaud ne put résister davantage. Sa sœur, qui avait fait souvent l'expérience de sa faiblesse, ne doutait pas de l'efficacité du dernier argument.

En effet, le capitaine répliqua aussitôt :

« Soit, puisque tu le désires absolument. Songe cependant que tout peut se découvrir.

— Il s'agit d'une seule visite. Avec de la prudence et ton concours, personne ne saura rien. En outre, Lucia tient à ce que l'astrologue ignore son nom.

— Ne la connaît-il pas ?

— Il ne l'a jamais vue.

— Mais qu'importe qu'il apprenne son nom ? Si elle le consulte, ne devra-t-elle pas le lui révéler ?

— Lucia est défiante. Malgré les choses extraordinaires qu'elle a entendu raconter au sujet de Jean Barrettone, elle veut constater par elle-même la science de l'astrologue. S'il est capable, comme on le dit, de lire dans l'avenir, il doit savoir reconnaître ses visiteurs. »

Le surlendemain de cette conversation, Arnaud Trecati annonçait à sa sœur que l'astrologue recevrait Lucia un mois plus tard.

On était au 5 juin, la visite devait donc avoir lieu le 5 juillet, à la nuit, dans la tour dite du *Mathématicien ;* car astrologie et mathématique avaient le même sens pour le peuple.

Le délai était long pour l'impatience de Lucia ; mais qu'y faire ? Barrettone avait accordé un rendez-vous ; c'était beaucoup déjà. Arnaud Trecati avait demandé une audience pour deux dames de la ville qui ne pouvaient venir qu'en secret, et l'astrologue avait consenti immédiatement ; il avait fixé le jour sans même s'informer du nom des deux femmes.

Il est vrai que Barrettone avait arrêté sur le capitaine un regard perçant, et qu'Arnaud avait affirmé que les honoraires du savant seraient considérables.

Un sourire équivoque et fugitif avait effleuré les lèvres du vieillard. Était-il provoqué par l'examen du capitaine ou par la promesse de la rémunération? Peut-être par l'un et l'autre motif.

Ce point obtenu, il fallait en régler un autre de non moindre importance : il ne suffisait pas d'avoir l'assurance d'être reçu à la tour, il était nécessaire de s'y rendre; et, pour cela, Lucia devait quitter le palais et la ville sans éveiller l'attention de ses parents.

Une combinaison offrant toute sécurité fut bientôt concertée entre la jeune fille, Mathilde et Arnaud.

D'abord le capitaine s'arrangerait de façon à être exempt de service pour le soir indiqué.

Ensuite Lucia et Mathilde se rendraient, après le repas de famille, au jardin du palais, comme elles le faisaient quelquefois. Elles espéraient, avec de l'adresse, s'y trouver seules, gagner la porte située à l'extrémité et ouvrant sur les remparts.

Là les attendrait Arnaud Trecati.

Guidées par lui, le capuce de leur surcot relevé sur la tête, elles sortiraient de la ville et se dirigeraient vers la colline où s'élevait la tour du Mathématicien.

A mesure que les jours s'écoulaient, l'impatience de Lucia redoublait; la jeune fille comptait bien que l'astrologue déchirerait à ses yeux les voiles de l'avenir, et qu'elle contemplerait face à face sa destinée. En se voyant si belle, nul doute pour elle que la réalité ne répondît à ses espérances.

A la veille de recueillir l'oracle si fiévreusement attendu, elle ne s'inquiéta que de sortir du palais sans exciter le soupçon. Comment elle y rentrerait, elle ne s'en occupait nullement, laissant aux circonstances le soin de la favoriser.

Le matin du 5 juillet, elle se leva plus tôt que d'habitude, se plaignant d'une légère indisposition. Elle avait passé la nuit sans sommeil, appelant de tous ses vœux l'heure tant désirée.

Elle affecta de s'isoler, sous prétexte de repos, et, le soir, elle s'assit en silence au souper de famille. Interrogée par sa mère, par son père, par Silvia, elle fit à chacun la même réponse, à savoir qu'elle éprouvait de la fatigue.

A peine le repas était-il terminé, qu'elle sollicita la permission de se retirer, ce qui lui fut accordé avec empressement.

Libre désormais de ses actes, Lucia se hâta de passer dans sa chambre, où l'attendait Mathilde; elle revêtit une robe de couleur sombre, semblable à celle que portait déjà la caméristе, et munie d'un capuchon; puis les deux femmes descendirent rapidement l'escalier.

Elles se firent ouvrir la poterne, franchirent le pont-levis, et pénétrèrent dans le jardin.

Le bouffon rôdait le long du fossé. A la vue de Lucia, il se précipita sur les pas de la jeune fille, et se mit à gambader comme pour l'égayer.

Lucia n'aimait pas Matteo, qui semblait prendre à tâche de diriger contre elle ses saillies et ses bons mots. Toutefois, en ce moment, malgré la contrariété que lui causait la présence du nain, elle réprima l'expression de son déplaisir, et appela le bouffon d'un geste presque amical.

« Je suis bien souffrante, mon bon Matteo, lui dit-elle, et j'ai besoin d'être tranquille. Je vais respirer la fraîcheur quelques instants, et ensuite je rentrerai dans le palais. »

Le nain écoutait, feignant de ne pas comprendre, et Lucia fut obligée d'ajouter :

« Laisse-moi donc en paix ici. Retourne auprès de mes parents, qui seront heureux, j'en suis sûre, que tu leur procures quelque distraction. »

Matteo ne bougeait pas.

« Tu ne m'as pas entendue? reprit la jeune fille, que l'irritation commençait à gagner.

— Est-ce un ordre que me donne mon amie Lucia? interrogea le bouffon avec une certaine malice.

— C'est un ordre, » répliqua sèchement Lucia; et elle tourna le dos en s'appuyant au bras de Mathilde.

Le nain hésita un instant. Puis tout à coup, pirouettant sur ses talons, il s'élança sur le pont-levis, traversa le fossé, et disparut sous la voûte de la poterne, dont la porte se referma sur lui.

Arnaud Trecati n'était point encore sorti; il s'était trouvé tout à l'heure sur le passage de Lucia et de Mathilde, et avait suivi du regard la petite scène que nous venons de raconter.

Voyant que les deux femmes étaient seules, et que Matteo se rendait auprès des maîtres de la maison, il se hâta de quitter le palais par la grande porte, pour gagner en toute hâte l'issue extérieure du jardin, où il arriva le premier.

« En vérité, dit Lucia quand le bouffon se fut éloigné, on croirait que ce misérable nain est chargé de m'espionner. Je le déteste, et je le rencontre sans cesse sous mes pas.

— Il vient souvent ici. » observa Mathilde.

La fille du podestat et sa compagne étaient parvenues à l'entrée d'un bosquet que coupait un sentier tortueux aboutissant à la porte extérieure. Avant de s'y engager, Lucia se retourna vers le palais, et s'assura d'un coup d'œil que personne ne la surveillait.

Alors, entraînant Mathilde, elle s'enfonça vivement dans ce bosquet, courant plutôt qu'elle ne marchait, tant elle redoutait qu'un obstacle imprévu ne lui fît manquer le rendez-vous.

Arnaud Trecati était à son poste. A sa vue, Lucia poussa un soupir de satisfaction. Le capitaine referma la porte du jardin, dont il prit la clef dans sa poche.

Les deux femmes relevèrent le capuchon de leur robe sur leur tête, et, le visage à demi caché, se mirent en marche sous la conduite d'Arnaud.

Le jour déclinait, et déjà les ombres rendaient les objets indistincts à courte distance. Le capitaine et ses compagnes rencontrèrent de rares passants dans la rue qu'ils suivaient pour atteindre la porte la plus voisine.

A leur sortie de la ville, ils s'engagèrent dans un chemin serpentant parmi les champs d'oliviers, et en vingt minutes ils furent au pied de la tour du Mathématicien.

Cette tour, de forme carrée et bâtie de pierres grises, était entourée d'une palissade à hauteur d'homme, enfermant un espace circulaire de quelques pieds, inculte et couvert de broussailles.

A l'une des planches mal jointes s'adaptait un marteau en cuivre.

Arnaud le souleva par deux fois, et presque aussitôt parut un petit homme, le serviteur de l'astrologue.

Avant d'ouvrir, il jeta un regard inquisiteur à travers la palissade, et demanda à demi-voix :

« Qui est là ?

— Les deux dames que votre maître attend, » répondit le capitaine.

Le vieillard ouvrit en silence, et fit signe d'entrer. La nuit était venue, claire et transparente. La sombre silhouette de la tour profilait sur le ciel étoilé. Des bruits vagues s'élevaient de la campagne. Une brise agréable rafraîchissait l'atmosphère.

La tour avait trois étages. On y pénétrait par une porte basse, carrée.

Au rez-de-chaussée, rien que l'escalier et la loge du serviteur.

Le vieillard précédait les visiteurs.

Sur le premier degré de l'escalier il avait déposé une lanterne, qu'il reprit de la main gauche, tandis que de la droite il saisissait une forte corde servant de rampe.

L'escalier était en bois, et montait droit à l'étage supérieur, le long du mur faisant face à la porte. Il aboutissait à un palier éclairé le jour par une étroite fenêtre ornée de vitraux peints.

Ici l'aspect changeait complétement. Ce n'était plus le délabrement du rez-de-chaussée, mais une splendeur seigneuriale.

Un riche tapis couvrait le pavé; les murailles disparaissaient sous des tentures somptueuses, et des peintures aux vives couleurs décoraient le plafond.

Une porte aux panneaux enrichis de bronze ouvrait sur une première pièce, aux deux extrémités de laquelle apparaissaient des fenêtres garnies de vitraux peints représentant des sujets symboliques. Des tapis de Perse et de Flandre revêtaient les murailles et le pavé; au plafond, des peintures aussi.

Des meubles de prix remplissaient la salle. Sur la table en marbre précieux, un superbe candélabre chargé de bougies odoriférantes éclairait la pièce.

Lucia, éblouie par cette magnificence inattendue, s'arrêta, stupéfaite, admirant ce spectacle. Le palais du podestat n'offrait pas l'image d'un pareil luxe.

Le vieillard avait laissé sa lanterne sur le palier. Debout au milieu de la salle, il étudiait avec une curiosité malicieuse les impressions des deux femmes.

Enfin Lucia ramena son regard sur le serviteur, et tressaillit à l'inspection de cette figure étrange. Son visage ressemblait à celui de Matteo; mais il était plus âgé, et sa taille, quoique petite, dépassait de beaucoup celle du nain.

Il était habillé simplement, mais avec une exquise propreté.

Le vieillard invita les nouveaux venus à s'asseoir, et, désignant du geste une porte placée vis-à-vis de celle par où ils étaient entrés, il ajouta :

« Le maître est occupé; il vous recevra dans quelques instants. »

Lucia et sa compagne s'assirent, rejetèrent leur capuce en arrière, et attendirent.

Arnaud Trecati les imita.

Au bout de quelques minutes, la porte de la seconde salle s'ouvrit, et un jeune homme de haute taille parut dans l'encadrement.

Il était dans la fleur de l'adolescence; ses cheveux, d'un blond doré, tombaient jusqu'à sa ceinture; sur son noble visage éclatait une mâle beauté, relevée encore par une moustache naissante.

Ses yeux, étincelants d'intelligence, se portèrent sur les deux femmes, et se fixèrent un moment sur Lucia, qui, de son côté, le contemplait avec surprise.

Dès qu'il eut rencontré le regard de la fille du podestat, le jeune homme s'avança d'un pas rapide vers la porte donnant sur le palier, tandis que le vieillard s'empressait de le suivre pour l'éclairer.

Le capitaine et sa sœur n'avaient pas été moins frappés que Lucia de l'aspect de ce personnage. Quand il eut disparu, Arnaud Trecati tomba dans une sorte de rêverie; il lui semblait que ces traits ne lui étaient pas tout à fait étrangers, et il cherchait à recueillir ses souvenirs.

Lucia, plongée dans une espèce d'extase, ne s'apercevait pas qu'un autre personnage s'était avancé sur le seuil de la seconde salle, et l'enveloppait d'un regard pénétrant.

A la fin, avertie par Mathilde, elle aperçut l'homme qui l'examinait en silence, et elle se leva vivement.

Elle était en présence de Jean Barrettone. L'astrologue, toujours muet, s'inclina d'un air mystérieux.

Son extérieur était imposant. Son large front chauve rayonnait à la lumière du candélabre; sa longue barbe blanche descendait, touffue, sur sa poitrine robuste, et sa taille majestueuse inspirait le respect. Ses yeux scrutateurs intimidaient au premier abord, et des flammes jaillissaient de ses noires prunelles; mais l'ensemble de sa physionomie indiquait l'affabilité, et finissait par provoquer la confiance.

L'astrologue offrait dans sa personne le type achevé de la beauté, à la dernière saison de la vie.

Il était vêtu d'une robe de soie rouge brochée d'or, serrée autour des reins avec une ceinture d'or.

Jean Barrettone alla au-devant de la jeune fille, lui tendit la main, et lui dit d'une voix caressante:

« Soyez la bienvenue, Lucia Ugoni.

— Vous me connaissez? fit la visiteuse étonnée.

— Ma profession n'est-elle pas de pénétrer les mystères du présent et ceux de l'avenir ? » reprit-il en souriant.

Et il l'introduisit courtoisement dans la seconde salle, en faisant signe à Mathilde d'accompagner sa maîtresse.

La camériste suivit la fille du podestat, et le capitaine resta dans la première pièce.

La salle où l'astrologue recevait sa clientèle était plus somptueuse encore que la précédente; de toutes parts resplendissaient l'or et les ornements précieux sur les meubles.

Jamais Lucia n'avait rien vu d'aussi magnifique.

Deux candélabres brûlaient à chaque bout de la table de forme ronde, dressée au centre de la pièce.

Jean Barrettone s'assit au milieu de la table, et invita Lucia à prendre le siége placé en face de lui, de l'autre côté. Alors, sans préambule, il demanda :

« Que désirez-vous de moi?

— Connaître ma destinée, répondit résolûment la jeune fille.

— Vous serez satisfaite, si les influences supérieures sont propices cette nuit. »

En même temps, sa figure devint plus grave; il ferma les yeux comme pour se recueillir ou adresser une invocation mentale.

Lucia le regardait avec anxiété; son sein soulevait le léger tissu de sa robe.

Bientôt Barrettone se leva, étendit les mains, et l'inspiration se peignit dans son regard.

La fille du podestat suivait, le cœur palpitant, chacun des mouvements de l'astrologue.

Enfin il s'approcha d'une des fenêtres de la salle, fit quelques gestes mystérieux, ploya le genou, et regarda le ciel.

L'inspection parut longue à Lucia, quoique, en réalité, elle n'eût duré que quelques minutes.

L'examen terminé, Jean Barrettone se redressa, revint à sa place, et dit à la jeune fille d'un ton solennel :

« Lucia, lève-toi; tu vas entendre l'oracle de la destinée. »

La fille du podestat obéit; mais ses jambes fléchissaient sous elle, et elle essayait inutilement de comprimer les battements de son cœur.

« Lucia, reprit l'astrologue en magnétisant la jeune fille de son regard, Lucia, réjouis-toi : les puissances célestes te combleront de leurs faveurs. »

Il fit une nouvelle pause; puis il ajouta d'une voix plus accentuée :

« Lucia, tu seras reine! »

A cette prédiction qui dépassait ses espérances, la fille du podestat, incapable de maîtriser les sentiments qui l'agitaient, retomba sur son siége pâle, haletante, le front ruisselant de sueur, et sa belle tête se pencha sur son épaule comme si elle allait s'évanouir.

Mathilde, effrayée, accourut pour soutenir sa maîtresse; mais l'astrologue était déjà près de Lucia.

Il écarta la camériste, déboucha un flacon d'essences, et le fit respirer à la fille d'Ugoni.

Celle-ci ne tarda pas à se ranimer, et, fixant son regard sur l'astrologue :

« Maître, demanda-t-elle, ai-je bien entendu?

— Lucia, tu seras reine! répéta Barrettone.

— Vous ne me trompez pas?

— Les astres sont infaillibles.

— A quelle époque s'accomplira cette prédiction?

— Il ne m'est pas permis d'en dire davantage.

— Puis-je au moins savoir quel trône me réservent les puissances célestes?

— Tu règneras en Italie. »

Et comme Lucia se préparait à lui adresser de nouvelles questions, l'astrologue reprit :

« Je n'ai plus rien à ajouter : j'ai rempli mon ministère. »

Et il s'inclina pour congédier la jeune fille.

Lucia, comprenant qu'elle n'obtiendrait pas d'explications plus précises, déposa sur la table une bourse pleine d'or, et se leva en disant :

« Maître, je vous remercie! »

L'astrologue s'inclina de nouveau, et reconduisit Lucia jusqu'au seuil de la salle. Là il lui fit un geste d'adieu, rentra brusquement, et ferma la porte.

Mathilde, qui avait assisté, muette, à cette scène étrange, offrit son bras à sa maîtresse, et toutes deux rejoignirent Arnaud Trecati.

Le serviteur était là, sa lanterne à la main.

« Partons, » dit Lucia au capitaine.

Le vieillard sortit le premier. Ils redescendirent l'escalier en silence, comme ils l'avaient monté, et se retrouvèrent bientôt sur le chemin de Bologne.

Durant le trajet, la fille du podestat ne prononça pas une parole; elle réfléchissait à la prédiction de l'astrologue, s'efforçant de deviner comment cela se réaliserait.

Sa conclusion fut qu'elle épouserait un des fils de Frédéric. Conrad, l'aîné, était marié; mais des deux autres, Enzio et Manfred, le premier était veuf à vingt ans, et l'autre était encore libre.

Enzio était roi de Sardaigne, et devait recevoir en héritage plusieurs provinces italiennes.

Quant à Manfred, le bruit courait que son père le destinait à régner en Sicile.

Lucia demeura donc convaincue qu'elle serait appelée à partager la fortune de l'un de ces jeunes princes.

Il se pouvait, à la vérité, que la femme de Conrad mourût; mais à Conrad était réservé le titre d'Empereur, et l'astrologue avait dit : Tu seras reine!

Absorbée tout entière dans ces pensées, Lucia entra dans le jardin du palais sans s'en apercevoir; elle remarqua seulement son arrivée en mettant le pied sur le pont-levis conduisant à la poterne.

Mais, au moment où Arnaud donnait le signal d'ouvrir, une forme humaine minuscule se dressa devant lui, et il reconnut le bouffon.

« Que fais-tu là, misérable avorton? lui demanda-t-il à voix basse.

— Je prends le frais, » répondit le nain en ricanant.

La poterne s'ouvrit comme il achevait, et il en profita pour échapper à d'autres questions en s'esquivant prestement.

Lucia, qui avait aperçu Matteo, le soupçonna aussitôt de l'avoir espionnée, et son antipathie pour le bouffon s'en accrut encore.

Toutefois elle parvint à sa chambre sans encombre, et put croire que ses parents ignoraient sa sortie du palais.

Elle repassa toute la nuit dans son esprit les paroles de Barrettone, qu'elle commentait de mille manières; mais elle concluait toujours que le trône lui viendrait par la maison des Hohenstaufen.

Vers le matin, elle s'endormit d'un sommeil agité. Elle se vit en songe la couronne sur la tête, et investie de la dignité souveraine promise à son ambition.

Quand elle s'éveilla, il lui sembla entendre encore résonner à son oreille la prédiction de l'astrologue : « Lucia, tu seras reine! »

Dès lors la fille du podestat, rompant complétement avec les idées admises dans sa famille et dans sa ville natale au sujet de l'Empereur, ne supporta plus qu'avec colère les accusations trop légitimes dirigées contre Frédéric.

La nouvelle de la réunion du concile, où le pape se disposait à condamner le prince allemand, avait profondément irrité Lucia, et le lecteur comprend maintenant pourquoi elle essayait si opiniâtrément de défendre le tyran de l'Italie.

Sa visite à l'astrologue avait eu lieu un mois avant la discussion racontée précédemment.

D'autre part, Lucia n'omettait aucune occasion de recueillir des renseignements sur les fils de Frédéric; elle admirait leur caractère guerrier, leurs exploits et jusqu'aux crimes qu'ils commettaient pour dompter les provinces révoltées.

Lorsqu'elle revit ses parents, le lendemain de sa visite à la tour du Mathématicien, elle les aborda avec la crainte qu'il n'eût transpiré quelque chose de sa sortie, soit par le bouffon, soit d'une autre manière ; mais ils la reçurent comme d'habitude, et elle se rassura pleinement.

Silvia, sa belle-sœur, la combla d'attentions affectueuses, et, lui voyant les traits fatigués, s'informa tendrement si elle n'était point malade.

« Nullement, répondit Lucia ; je me porte mieux que jamais. »

Et la figure de la jeune fille s'illumina d'un éclat indéfinissable : elle se rappelait la parole de l'astrologue : « Lucia, tu seras reine! »

Pourtant elle avait ses heures de profonde mélancolie succédant fréquemment aux transports des espérances ambitieuses. Elle sentait que des périls formidables menaçaient la maison des Hohenstaufen. Le concile de Lyon, qui se célébrait actuellement, tenait la foudre suspendue sur la tête de Frédéric ; or, si le chef succombait, qu'adviendrait-il de sa race ?

Lucia attendait donc avec une véritable angoisse le retour de son frère, qui devait apporter le résultat de l'auguste assemblée.

D'un autre côté, le bouffon semblait prendre plaisir à la tourmenter. La première fois qu'il la rencontra seule, après son excursion du 5 juillet, il lui dit d'un air narquois :

« Mon amie Lucia, je ne suis pas content de vous.

— Que t'ai-je fait? demanda la jeune fille.

— Vous avez pris, l'autre soir, la clef des champs sans me prévenir, et je m'en plains.

— J'ai fait une promenade dans le jardin, voulut expliquer Lucia.

— Dans le jardin et ailleurs, » reprit Matteo.

Elle le regarda avec une inquiétude mêlée de colère.

« Je voudrais bien savoir, dit-elle, qui t'a chargé d'épier toutes mes démarches.

— Personne, personne, maîtresse.

— Alors pourquoi toutes ces questions? Est-ce que j'ai à te rendre compte de mes actes?

— Aucunement, maîtresse.

— S'il en est ainsi, je te défends de t'occuper de moi.

— Vous êtes sévère pour le pauvre nain.

— Non, je ne suis pas sévère; car, si je te rendais justice, je te livrerais au capitaine Trecati, avec ordre de t'infliger une verte correction.

— Oui, ricana le bouffon, le capitaine Trecati, qui vous accompagnait l'autre soir... »

Et il se déroba lestement à l'exaspération de Lucia.

Matteo irritait ainsi de gaieté de cœur, eût-on dit, les ressentiments de la fille du podestat, à tel point que Lucia, au bout d'un mois, ne pouvait plus supporter sa présence.

III

LE RETOUR

En terminant le premier chapitre de cette histoire, nous avons laissé le podestat au moment où il se rendait au repas du soir avec sa famille.

Il passa dans une vaste salle pouvant contenir jusqu'à deux cents convives, et s'assit à l'un des bouts de la table, à la place d'honneur.

A sa droite, Madonna Francesca et Lucia ; à sa gauche, Silvia.

Les mets consistaient en un plat de veau à la poivrade, une tourte et un poulet rôti, le tout arrosé de vin du pays.

Nous n'avons pas besoin de dire que la gaieté fut absente du souper. Lucia garda le silence et mangea à peine.

De rares paroles furent échangées entre Felippo, sa femme et Silvia.

Le valet chargé du service de la table venait de déposer devant ses maîtres une corbeille de fruits, quand un bruit inusité se produisit dans la cour du palais. Des cavaliers arrivaient, et les soldats de garde poussaient des acclamations.

Le podestat courut à la fenêtre ; puis, se retournant vers les trois femmes :

« Guido ! » s'écria-t-il.

Et il se précipita vers la porte.

Felippo Ugoni n'eut pas le temps de descendre. Avant qu'il eût atteint le seuil, un homme dans la force de la jeunesse, de haute stature, le visage mâle et hâlé par le soleil, parut dans la salle, tout couvert de poussière.

Il tomba dans les bras d'Ugoni, qui le pressa sur son cœur.

Madonna Francesca, Silvia et Lucia s'étaient levées et environnaient le voyageur, qui les embrassa tour à tour avec une vive tendresse.

On se remit à table. Le podestat ordonna d'apporter à manger, et un flacon de vieux vin pour fêter le retour de son fils.

Pendant que Guido satisfaisait son appétit aiguisé par une longue course, le podestat se contenta de s'informer de sa santé et de son voyage, accompli par mer jusqu'à Gênes.

« Tout à l'heure, lui dit-il, tu nous raconteras à loisir les événements dont tu as été témoin. Je vois, d'ailleurs, sur ton visage qu'ils sont heureux.

— Vous avez deviné juste, » répondit Guido.

Ces seuls mots assombrirent les traits de Lucia : elle comprenait que si son frère, ennemi résolu de l'Empereur, avait sujet de se réjouir, il n'en était pas de même de Frédéric.

Lorsque le voyageur eut fini, Felippo, débouchant le flacon, versa à la ronde le vieux vin à sa femme et à ses enfants.

Alors Guido, se levant avec solennité, se découvrit, éleva son verre, et s'écria avec enthousiasme :

« Gloire au pontife ! il s'est noblement conduit. Buvons au triomphe de l'Église, à la liberté des républiques italiennes ! Innocent a lancé la foudre sur Frédéric, il a brisé sa couronne. »

A ces paroles, le podestat s'était levé aussi avec transport. Il choqua son verre à celui de son fils en disant :

« A la chute du tyran et de tous ses complices ! »

Et il le vida d'un trait.

Francesca et Silvia imitèrent Felippo; mais Lucia, pâle, immobile, les yeux baissés, ne toucha pas au breuvage généreux.

Guido, étonné, lui demanda avec intérêt :

« Sœur, qu'as-tu donc?

— Rien, répliqua-t-elle d'une voix sourde.

— Mais tu ne fais pas honneur à la santé que je viens de porter?

— Non.

— Pourquoi?

— Je n'aime point à insulter au malheur de ceux qui sont condamnés. »

Guido, de plus en plus stupéfait, aurait sans doute laissé éclater l'indignation qu'il éprouvait à ce langage; mais le podestat lui fit un signe, et il garda le silence.

Ensuite Felippo, Ugoni ayant donné le signal

de quitter la table, conduisit sa femme et ses enfants à la salle de réception.

Le candélabre à sept branches avait été allumé. Guido se plaça en face de son père, entre sa mère et Silvia.

Lucia s'assit à côté du podestat, exprimant par son attitude le déplaisir que lui causait la nouvelle apportée par son frère.

« Maintenant, mon fils, dit Felippo, raconte-nous ce que tu as vu au concile de Lyon.

— Il me suffira, répondit Guido, de décrire la principale séance, la plus importante pour notre péninsule par les actes qui s'y sont accomplis.

« C'était le 18 juillet. Dès le matin, le pape et les prélats, revêtus de leurs ornements pontificaux, se rendirent à l'église métropolitaine de Saint-Jean.

« Le pontife, ayant célébré la messe, monta sur son trône. L'empereur de Constantinople, Baudouin II, s'assit à sa droite, et quelques autres princes séculiers à sa gauche.

« Les prélats se placèrent plus bas.

« Les trois patriarches latins de Constantinople, d'Antioche et d'Aquilée, s'assirent vis-à-vis d'Innocent.

« Les siéges qui remplissaient la nef furent occupés par les députés des chapitres, les envoyés de Frédéric et ceux des autres princes.

« Après la lecture de divers décrets, le pontife se prépara à prononcer la sentence contre Frédéric.

« Alors Taddeo de Suessa, qui seul avait défendu le tyran, se leva pour essayer encore de suspendre l'arrêt.

« Mais, voyant qu'on refusait de l'écouter, il formula la protestation suivante :

« Au nom de l'Empereur, mon maître, j'en « appelle au pape futur et à un concile plus « général ; car tous les prélats, non plus que « leurs députés et ceux des princes, ne sont « point ici. »

« Le pontife lui répondit doucement :

« Il n'est pas besoin d'une convocation des « princes séculiers pour que le concile soit gé- « néral ; tous les évêques ont été convoqués. « S'il y a, d'ailleurs, des prélats absents, c'est « que votre maître les a empêchés de venir... « Il n'y a donc pas lieu de différer la sentence. »

« Après quoi le pape rappela les crimes de Frédéric, sa mauvaise foi, ses mœurs dépravées, son alliance avec les infidèles, ses persécutions contre les peuples, ses injustices de tout genre.

« Il déclara qu'il fallait, au nom de Dieu, punir tant de forfaits, et frappa définitivement l'homme qui les avait commis.

« Ces paroles furent suivies d'un long silence, pendant lequel on distribua des cierges allumés à tous les membres du concile.

« Cela fait, le pontife se leva, et toute l'assemblée se tint debout comme lui.

« Aussitôt Innocent, d'une voix forte et le visage brillant d'une majesté surnaturelle, prononça le terrible arrêt.

« Il déclara Frédéric indigne de l'Empire et de la royauté, à cause de ses iniquités et de ses crimes, le proclama rejeté de Dieu, privé de tout honneur et dignité.

« Puis, ayant déliée de leur serment tous ceux qui lui avaient juré fidélité, il interdit, sous peine d'excommunication, de lui obéir désormais.

« Enfin il annonça qu'il provoquerait l'élection d'un autre empereur, et pourvoirait prochainement au gouvernement du royaume de Sicile.

« Au moment où le pape achevait de fulminer cette formidable sentence, il renversa et éteignit le cierge qu'iltenait allumé, et tous les prélats en firent autant.

« A ce moment, un frisson de terreur parcourut l'assemblée; on eût dit que la foudre et les éclairs, jaillissant du trône du pontife, avaient anéanti l'Empereur déposé et excommunié.

« Les envoyés de Frédéric s'agitaient, consternés, pâles et tremblants.

« Taddeo de Suessa, hors de lui, s'écria en se frappant la poitrine :

« Il n'y a plus de remède à la catastrophe : ce « jour est vraiment un jour de colère et de ca- « lamité ! »

« Innocent entonna le *Te Deum.*

« L'ennemi de l'Église et de l'Italie était écrasé sous l'anathème.

« Désormais le trône de Frédéric n'a plus de fondement, les titres de la puissance du tyran sont détruits : notre devoir est non-seulement de lui résister, mais de le combattre à outrance.

— Et nous le ferons ! » s'écria le podestat, qui avait écouté religieusement le récit de son fils.

Madonna Francesca et Silvia se réjouirent avec Ugoni et Guido de la mesure énergique prise par le pape contre le prince teuton.

Lucia, désespérée de ce qu'elle venait d'apprendre, se leva pour se retirer, prétextant la fatigue et la souffrance.

Quand elle se fut éloignée, Guido, s'adressant à son père, lui demanda :

« Qu'est-il donc arrivé à ma sœur depuis mon départ? Elle semble s'affliger de mon retour, et je serais presque tenté de croire que ma présence lui est odieuse.

— Lucia me désole, répliqua Felippo. Depuis quelque temps elle a pris fait et cause pour Frédéric; elle prétend que le tyran est calomnié; l'oppresseur de l'Italie est à ses yeux la victime de coupables machinations.

— Il y a quelque mystère là-dessous, et il faudra bien que je le découvre, déclara Guido. Reposez-vous de ce soin sur moi, mon père... »

Guido fut interrompu par un léger entre-bâillement de la porte par où Lucia était sortie. Ayant porté ses regards de ce côté, il aperçut Matteo n'osant avancer.

Le bouffon aimait le fils du podestat comme un chien aime son maître : il avait sollicité avec larmes la permission de le suivre à Lyon; mais le jeune homme n'y avait pas consenti. De là pour le nain une effroyable douleur. Pendant plusieurs jours il se montra inconsolable, et le nom seul de Guido lui arrachait des pleurs.

Il ne l'avait pas vu rentrer au palais; mais il n'avait pas tardé à apprendre le retour du député de Bologne au concile.

Autrefois il n'eût pas hésité à se présenter dans la salle à manger; mais actuellement il redoutait de rencontrer Lucia, qui le maltraitait en toute occasion, et lui avait interdit, peu d'instants auparavant, de se retrouver en sa présence.

Son désir de revoir Guido était tel, qu'il ne songea même pas à prendre de nourriture ce soir-là. Il ne cessa de rôder autour de la salle, comme une âme en peine; et enfin, quand Lucia se fut retirée, il se risqua et entr'ouvrit la porte.

Guido lui fit signe d'approcher.

A ce geste, Matteo bondit avec un cri de joie, et tomba, agenouillé, auprès de son jeune maître. Il s'empara de ses mains, et les couvrit de baisers, sans réussir à articuler une parole.

« Mon pauvre Matteo, lui dit Guido, tu es donc bien heureux de me revoir?

— Maître, murmura le nain, je mourrais s j'étais séparé de vous.

— Comme il t'aime! dit Madonna Francesca, qui contemplait cette scène avec un sourire de complaisance.

— Il se jetterait au feu pour moi, répliqua Guido.

— Que lui as-tu fait, pour qu'il t'ait voué une semblable affection?

— Je l'ai traité comme un homme raisonnable, comme un ami. Il y a dans cette tête disgraciée, sachez-le, plus d'intelligence qu'on ne le suppose généralement, et dans cette poitrine chétive bat un cœur d'or! »

Matteo, à cet éloge, leva ses yeux humides sur son jeune maître avec une telle expression de dévouement, que Guido, entourant de ses bras le nain, le souleva et le pressa sur son sein.

« Matteo, lui dit-il, nous ne nous quitterons plus.

— Est-ce bien vrai?

— Je te le promets.

— Vous m'emmènerez lorsque vous vous éloignerez de Bologne?

— Oui, certainement.

— Même si vous partiez pour la guerre?

— Même si je partais pour la guerre. »

Le bouffon, s'étant assuré d'un coup d'œil que Guido parlait sérieusement, se redressa, prit une pose solennelle, et dit avec fierté :

« Eh bien! vous ne vous en repentirez pas. »

Il y avait une telle conviction dans cette affirmation du nain, que personne n'eut même la pensée d'en rire.

Silvia, dont Guido était l'orgueil, touchée de l'attachement absolu que le bouffon témoignait à son mari, lui saisit les mains et lui dit de sa voix douce :

« Je suis contente de toi, Matteo, et je t'aime à cause de ton affection pour Guido.

— Ah! vous avez toujours été bonne pour moi, Madonna, balbutia le nain, dont les yeux s'humectèrent de nouveau. Madonna Francesca aussi, et maître Felippo Ugoni, m'ont comblé de marques de bienveillance.

— Ne sois point désagréable pour Lucia, reprit la jeune femme; évite de l'irriter, je t'en prie. »

Le nom de Lucia produisit sur Matteo un effet singulier, que tous les assistants remarquèrent; un sourire amer entr'ouvrit ses lèvres minces, et ses prunelles étincelèrent.

« Tu ne réponds pas? reprit Silvia.

— Lucia est l'amie de Frédéric, qui a fait tuer mon père! dit le nain, dont les traits revêtirent une expression de haine féroce.

— Mais elle est ma sœur, elle est la fille de tes maîtres, dit Guido.

— Et voilà pourquoi je n'essaierai jamais de lui faire de mal.

— Ni de la contrister, ajouta Silvia.

— Ni de la contrister... par ma faute, du moins, répéta Matteo.

— La soirée s'avance, reprit Guido. Va, mon bon Matteo, je te reverrai demain matin, et nous causerons ensemble plus longuement. »

Le nain salua ses maîtres, et sortit lentement de la salle.

Arrivé à la porte, il se retourna pour jeter un dernier regard sur Guido, et disparut.

« Ce garçon devient gênant, fit le podestat quand le nain fut parti. L'antipathie qui s'est déclarée entre lui et Lucia sera pour nous une cause perpétuelle de trouble et de désagrément. Au surplus, un fou peut devenir dangereux.

— Il est moins fou que vous ne l'imaginez, mon père, répondit Guido. Je crois le connaître à fond, et j'affirme qu'il a plus de sens que beaucoup de personnages de cette ville que je pourrais nommer. Ce n'est pas sa faute s'il ne paie point de mine.

« Quant à moi, mon opinion est que s'il avait l'esprit aussi faible qu'on le suppose, Lucia le supporterait mieux.

— Que veux-tu dire par là? demanda Felippo Ugoni.

— Que le regard clairvoyant de Matteo est capable de percer des mystères qui nous échappent. Même lorsqu'il ne paraît remplir que son rôle de bouffon, il n'est pas rare qu'il ait un autre but : j'ai constaté cela plus d'une fois. Au reste, je le ferai parler, et je connaîtrai bientôt les véritables motifs qui ont créé entre ma sœur et lui ce désaccord dont vous vous plaignez. »

L'entretien se termina là.

Guido, fatigué par le voyage, avait besoin de repos.

Le lendemain, Guido se leva de bonne heure et descendit au jardin.

Dans la journée, il devait accompagner le podestat au sénat de Bologne, pour rendre compte de sa mission.

Le jeune homme s'enfonça, rêveur, dans le bosquet. Il croyait être seul; mais il se trompait. En arrivant au rond-point dessiné au milieu des arbustes et environné de bancs de marbre, il aperçut un promeneur plus matinal que lui.

Le nain était assis, les jambes pendantes, l'œil éveillé, le visage mobile.

A la vue de Guido, il se laissa glisser à terre, et courut lui baiser la main.

« Que fais-tu là sitôt, mon pauvre ami? lui demanda le fils du podestat avec bonté.

— Maître, je vous attendais.

— Comment savais-tu que je viendrais ? »

Le bouffon sourit, son œil intelligent brilla d'une lueur joyeuse.

« Maître, je connais vos habitudes. Vous aimez, en cette saison, à jouir de l'air encore frais, du feuillage humide de rosée, des fleurs dans leur virginité.

— Tu es poëte, Matteo, fit Guido avec un éclat de rire.

— Je parle comme je pense, et j'exprime ce que je sens, affirma le nain d'un ton grave : tout le monde n'en pourrait dire autant.

— Ah çà! malheureux, tu as donc juré de mettre la discorde ici? reprit Guido, qui comprenait parfaitement l'allusion.

— Je remplis mon devoir. »

Le jeune homme s'était installé sur le banc voisin.

« Voyons, assois-toi près de moi, dit-il, et cesse de me poser des énigmes.

— Maître, je suis à vos ordres.

— Que s'est-il passé en mon absence?

— L'ennemi a maintenant un pied dans la place ; demain il en aura deux.

— Explique-toi d'une façon plus précise.

— Madonna Lucia est pour le tyran.

— Je le sais. Après?

— Elle a vu l'astrologue.

— Où cela?

— A la tour du Mathématicien.

— Qui te l'a dit?

— Mon frère.

— Tu as un frère?

— Sans doute.

— Il est à Bologne?

— Non : il est à la tour du Mathématicien.

— Tu m'étonnes. Je croyais que Barrettone n'avait qu'un seul serviteur.

— En effet.

— Alors ?

— Ce serviteur, c'est mon frère.

— Tu m'avais caché cela.

— Il était inutile, jusqu'ici, de vous en informer.

— Ainsi, ma sœur a visité l'astrologue ?

— Il y a un mois.

— Qu'y a-t-il de commun entre ce fait et les intelligences que tu supposes à Frédéric dans cette maison ?

— Barrettone est l'âme damnée du tyran.

— Où as-tu appris cela ?

— Je le tiens de mon frère.

— Et ton frère a trahi son maître ?

— Mon frère obéit à la loi qui prescrit de dénoncer les malfaiteurs.

— C'est bien sérieux ce que tu me racontes là.

— Je ne l'ignore pas, et c'est pour cela que j'ai désiré de vous entretenir.

— Mais enfin que peuvent attendre de ma sœur l'astrologue et ceux qui le paient ? Espèrent-ils qu'elle livrera Bologne à Frédéric ?

— Ils comptent au moins qu'elle leur sera d'un grand secours pour s'emparer de notre république. Par elle ils seront instruits de nos plans, de nos projets.

— Nous y mettrons bon ordre, si tout cela est vrai.

— N'en doutez pas.

— Est-ce que l'astrologue a proposé à Lucia de s'associer à nos ennemis ?

— Non ; il est trop habile pour commettre une telle maladresse à la première visite de sa cliente.

— Sa cliente, as-tu dit?

— Oui, sa cliente.

— Ma sœur est allée consulter le vieillard?

— Elle s'est rendue chez lui uniquement dans ce but.

— Et que lui a-t-il annoncé?

— Lucia, tu seras reine! a-t-il répondu à ses questions.

— Et c'est tout?

— Absolument.

— En vérité, reprit Guido, je ne vois rien dans cette prédiction qui autorise à penser que les Hohenstaufen veuillent faire de ma sœur un instrument de leurs desseins.

— Cela me paraît incontestable.

— Tu n'as pas achevé, alors?

— J'ai omis un détail.

— Quel est-il?

— Au moment où Madonna Lucia se préparait à entrer dans la salle où se tenait l'astrologue, un jeune homme sortait...

— Et ce jeune homme, qui était-il? interrompit vivement Guido.

— Enzio, le roi de Sardaigne, le fils de Frédéric. Est-ce clair, maintenant?

— Oui, je devine, murmura d'une voix sombre le fils du podestat : il se noue autour de la malheureuse et imprudente Lucia une trame infernale. Nos ennemis connaissent son ambition, son caractère altier, et ils veulent l'exploiter contre la république. Ceci n'est qu'un prélude, mais peut mener loin. Il faut à tout prix que nous confondions les ruses diaboliques de nos ennemis.

— Rien n'est plus facile.

— Quelle est ton opinion ?

— Il n'y a qu'à écraser le complot dans l'œuf.

— Par quel moyen ?

— En purgeant la tour du Mathématicien de son hôte détestable.

— C'est plus difficile que tu ne l'imagines : Barrettone est membre de l'université, et nous ne pouvons rien faire sans l'aveu du recteur, sous peine de susciter dans la ville de funestes conflits.

— Mais mon frère est là, observa le nain avec un clignement d'yeux significatif.

— Qu'entends-tu par là ?

— Que mon frère sait jouer du poignard. »

Guido regarda le bouffon avec stupéfaction. Les prunelles de Matteo étincelaient d'un feu sauvage, et il exprimait réellement ce qu'il sentait.

« Ce que tu proposes là serait un crime, répondit sévèrement le fils du podestat, et ni mon père ni moi nous ne l'autoriserons jamais.

— Quand on rencontre sur son chemin une bête venimeuse, n'a-t-on pas le droit de la broyer sous son talon ? fit le nain sans se déconcerter.

— Il ne s'agit pas d'un reptile, mais d'un homme. La justice sociale, pour s'exercer légitimement, doit observer certaines règles. Ta comparaison est mauvaise, et ton idée coupable. »

Ce blâme ne convainquit pas Matteo. L'astrologue devenait dangereux, et il trouvait tout simple de le supprimer, sans autre forme de procès. Il insista encore.

« Quand le tyran voulut faire tuer mon père, dit-il avec un accent farouche, il lui donna des juges ; mon père fut condamné, exécuté cruellement, et pourtant il était innocent.

— Les juges ont prévariqué, voilà tout. L'exemple ne vaut rien.

— Vous avez beau dire, maître, le tyran serait à la portée de ma main, je n'hésiterais pas à lui percer le cœur avec ceci. »

En même temps le nain pressait le manche d'un petit poignard passé dans sa ceinture.

« Tu aurais tort, répliqua Guido ; car on ne doit point se faire justice soi-même.

— Alors, que ceux à qui Dieu a confié l'autorité punissent les scélérats.

— Ils ont commencé déjà : le pontife a frappé Frédéric ; il l'a déposé, excommunié, et bientôt un autre empereur sera élu à sa place.

— Que Dieu bénisse le pape Innocent ! s'écria Matteo avec effusion : j'attendrai, comme vous, maître, l'heure de la justice.

— Mais laissons cela, reprit Guido, et revenons à ma sœur.

— Maître, je vous écoute.

— Elle n'est pas allée seule à la tour ?

— Mathilde, sa femme de chambre, et Arnaud Trecati l'accompagnaient.

— Ils sont ses complices ?

— Dites seulement ses serviteurs. Tout ce qui approche Madonna Lucia est obligé de plier sous sa volonté ; il est donc naturel que Mathilde ait consenti à la suivre. Quant à Trecati, vous le savez, il est faible autant que brave, et sa sœur possède sur lui un empire absolu.

— Connaissent-ils la prédiction faite à Lucia ?

— Mathilde, oui ; elle est entrée dans la salle ; mais non Trecati.

— Et toi, comment as-tu pu l'apprendre ?

— Mon frère a l'oreille aussi fine que moi : il a surpris l'oracle à travers la porte de la seconde salle où Barrettone donne ses consultations. Initié comme il est aux pratiques de son maître, au son de la voix de l'astrologue, il a compris ce qu'il était impossible à Trecati de comprendre.

— Et il t'a tout rapporté ?

— Naturellement. Son devoir n'est-il pas de surveiller l'homme qui, sur notre territoire, ose conspirer contre nos libertés ? »

Guido insista de nouveau sur l'obligation où est tout honnête homme de ne s'écarter jamais des règles de la justice, et Matteo, convaincu par les observations de son maître, promit de ne point violer ces prescriptions sur lesquelles repose le bon ordre dans les sociétés humaines.

Des pas se faisaient entendre, et bientôt un homme parut dans le rond-point.

« Arnaud Trecati ! » murmura le nain à l'oreille de son maître.

Effectivement, c'était le capitaine. Il avait appris le retour de Guido, et, l'ayant vu se diriger vers le jardin, il venait le saluer.

Guido estimait le brave guerrier dont le dévouement à la cause de la liberté s'était maintes fois signalé. Il ne péchait que par excès de bonté ; malheureusement cette bonté, que tous s'accordaient à lui reconnaître, dégénérait souvent en faiblesse.

Le fils du podestat, renseigné par Matteo, accueillit avec bienveillance le capitaine; il se leva et lui tendit la main.

Après les compliments d'usage, Guido renvoya le bouffon, en témoignant le désir de rester seul avec Arnaud Trecati.

Quand Matteo eut disparu, le fils du podestat dit au capitaine :

« Ami, on n'a pas craint d'abuser de votre complaisance, il y a quelques semaines : vous avez conduit Lucia à la tour du Mathématicien.

— Encore une indiscrétion, un espionnage de ce misérable fou qui vient de partir, fit Arnaud Trecati en haussant les épaules.

— Ne le calomniez pas : il est plus sage que plusieurs habitants de ce palais. Quoique disgracieuse et placée sur un corps chétif, la tête de Matteo est saine, je l'affirme.

— Enfin, il nous a guettés, reprit le capitaine avec une certaine impatience.

— Il a rempli son devoir, et je vais vous le prouver.

— J'attends.

— L'astrologue est un traître, je le sais de source certaine, et il cherche des complices jusque dans ce palais.

— Vous m'étonnez.

— Je vous le répète, il est vendu à Frédéric : j'ai la preuve formelle de ce que j'avance. »

Trecati demeura muet de surprise.

« En conséquence, ajouta Guido, je vous ordonne, au nom du podestat, de ne plus favoriser les relations de qui que ce soit avec cet homme.

— Vous serez obéi ; mais par quels moyens?...

— Pour le moment, je ne juge point utile d'entrer dans de plus amples explications. Il suffit que vous soyez prévenu. Faites bonne garde autour de vous. Si ma sœur tente de vous détourner de suivre mes recommandations, résistez sans crainte.

— Je le ferai. »

Guido pouvait compter sur la parole du capitaine, qui n'avait jamais manqué à une consigne expresse donnée par ses chefs.

Quelques heures plus tard, le podestat et son fils se présentaient au sénat, convoqué spécialement pour recevoir l'envoyé de Bologne au concile de Lyon.

L'annonce de la déposition de Frédéric excita des acclamations enthousiastes en l'honneur du pontife qui avait foudroyé le tyran.

Le soir, la grande nouvelle circulait dans la ville, aux applaudissements frénétiques de tous les citoyens. On portait aux nues le pape Innocent, vengeur des droits sacrés de l'Église et défenseur de la liberté, tandis qu'on accablait de malédictions le persécuteur implacable de la religion, l'oppresseur détesté de l'Italie.

IV

DÉLIBÉRATIONS

Frédéric était à Turin, comme l'avait affirmé le podestat, pendant que le concile statuait sur son sort.

Le prince allemand avait eu réellement le projet de se rendre à l'auguste assemblée pour s'y défendre en personne, et peut-être aussi dans l'espoir d'intimider les prélats. Il était parti de la Toscane dans cette intention, et s'était avancé jusqu'à Turin.

Mais, ayant appris dans cette ville l'indignation des esprits, il recula au dernier moment, et résolut d'attendre, au pied des Alpes, l'événement redouté.

Une brillante escorte l'avait accompagné ; on y remarquait Conrad, l'héritier qu'il destinait à l'Empire, Manfred, Enzio, Eccelino de Romano et plusieurs chefs des troupes musulmanes.

Tous ces capitaines s'étaient illustrés dans la

guerre, même les plus jeunes, parmi lesquels comptaient Manfred et Enzio ; le dernier n'avait pas vingt-deux ans.

Si le pontife menaçait la couronne de Frédéric, celui-ci, en contemplant son puissant entourage, pouvait croire que l'anathème tombé des lèvres d'un vieillard ne suffirait point à la lui ravir.

Toutefois une sentence de déposition provoquerait immanquablement des soulèvements en Italie, en Allemagne, en Sicile, et l'Empereur ne l'envisageait pas de sang-froid.

Aussi avait-il chargé ses députés au concile de multiplier les promesses, afin d'écarter à tout prix l'arrêt terrible.

Seuls, à la cour impériale, les chefs musulmans désiraient que le concile rompît avec éclat toutes relations avec leur maître ; ils étaient prêts à se réjouir d'un acte qui rendrait ennemis irréconciliables le pape et l'Empereur.

Fanatiques comme tous leurs coreligionnaires et méprisant au fond les chrétiens, ils se regardaient en Italie comme l'avant-garde de l'islamisme, et ils épiaient l'occasion d'implanter dans la Péninsule la religion du faux prophète.

Déjà ils avaient des mosquées dans quelques villes, et jouissaient en Sicile d'une influence considérable.

Ils ne doutaient pas que les préférences de Frédéric ne fussent pour Mohammed. Ils l'avaient vu jadis, lors de son voyage en Orient, assister à la prière prononcée par les imans et traiter le culte du Christ avec mépris.

Dans leur opinion, si l'Empereur se faisait passer encore pour chrétien, c'était uniquement par politique et pour ne point révolter les peuples. Aussi pensaient-ils que la déposition de Frédéric par le concile affranchirait la situation de ce prince de tout compromis, et l'exciterait à répudier l'Église pour adopter l'islamisme.

Les deux principaux chefs des troupes musulmanes, Abou-Fazer et Mahi-Eddin, qui portaient le titre d'émirs, jouissaient d'une grande influence auprès du monarque allemand. Braves l'un et l'autre, capitaines consommés dans l'art de la guerre, ils lui avaient rendu d'éminents services et assistaient à tous ses conseils.

Le premier avait soixante ans, et le second cinquante-huit. Ils avaient blanchi sous les armes, au service de Frédéric, sans que le temps émoussât leur énergie ou leur vigueur. Sous des formes calmes et graves, ils dissimulaient une ardeur juvénile, une résolution indomptable, une audace capable de tout.

Depuis qu'on savait l'ouverture du concile, ils gardaient une réserve calculée. Lorsque l'Empereur les interrogeait sur le parti qu'il faudrai prendre en cas de condamnation, ils répondaient que, dans une question si importante, il était indispensable de connaître la teneur de la sentence avant de se prononcer.

Frédéric habitait à Turin le vieux palais des Césars, fortifié selon les exigences du temps. Il avait amené avec lui un corps de troupes musulmanes et quelques compagnies de soldats allemands.

Afin de fortifier son parti, l'Empereur, qui était

veuf, avait envoyé une ambassade solennelle demander la main de la fille du duc d'Autriche.

Mais la jeune princesse, sachant la situation de Frédéric, refusa de devenir sa femme, à moins qu'il ne fût absous par le concile de toutes les accusations portées contre lui.

Le père approuva la résolution de sa fille. Le prince venait d'apprendre cette nouvelle humiliante, quand Taddeo de Suessa et Pierre des Vignes arrivèrent à Turin.

L'Empereur, irrité de cet échec, était mal préparé à recevoir avec résignation la sentence qui le déposait de la souveraineté.

Il ordonna d'introduire immédiatement en sa présence les deux députés.

Frédéric les attendait dans une salle vaste et splendide, au fond de laquelle s'élevait le trône impérial.

Le prince avait alors cinquante et un ans. Sa stature était moyenne, son front large et dépouillé, sa chevelure rousse, sa vue faible, son nez légèrement aquilin. Son menton proéminent, sa bouche aux lèvres durement sculptées, annonçaient la cruauté et la perfidie.

La médaille du prince teuton ne faisait nulle disparate avec celles des anciens Césars.

Il monta vivement à son trône, et des soldats musulmans se rangèrent en bon ordre dans la salle.

Ses fils, Conrad, Manfred, Enzio, prirent place sur les degrés du trône.

Eccelino de Romano, les émirs et plusieurs autres chefs se tenaient auprès des fils de l'Empereur.

Taddeo de Suessa et Pierre des Vignes s'avancèrent au milieu d'un profond silence, l'air triste, la tête baissée, et s'arrêtèrent devant leur maître.

Taddeo et son compagnon, tous les deux dans la force de l'âge, étaient l'un et l'autre éloquents et instruits. De plus, Taddeo avait la réputation d'un habile capitaine.

Ce fut ce dernier qui porta la parole.

« Seigneur, dit-il, nous avons rempli la mission que Votre Majesté nous avait confiée ; malheureusement elle n'a pas eu le succès que nous avions le droit d'attendre. »

Un éclair de colère jaillit des prunelles ternes de Frédéric.

« Le pape aurait-il osé, demanda-t-il, consommer contre moi l'attentat qu'il méditait ?

— Il a osé, répondit Taddeo de Suessa.

— Tu ne m'as donc pas défendu ? s'écria le tyran.

— Pardonnez-moi, seigneur ; je n'ai rien omis de ce qu'il était humainement possible de faire. Je crois avoir employé toutes les ressources de l'éloquence et de la dialectique pour conjurer le malheur qui vous a frappé.

— Assez ! rugit Frédéric. De quelle manière a été formulée la sentence ?

— Innocent a prononcé l'arrêt dans les termes suivants :

« Moi, vicaire du Christ, après en avoir déli-
« béré avec nos frères les cardinaux et avec le
« concile, je déclare Frédéric accusé et convaincu
« de sacrilége et d'hérésie, excommunié et déchu
« de l'Empire ; je délie pour toujours de leur ser-

« ment ceux qui lui ont promis fidélité ; je dé-
« fends de lui obéir sous peine d'excommunica-
« tion, commandant aux électeurs de choisir un
« autre empereur, et me réservant de disposer
« du royaume de Sicile. »

Le tyran eut grand'peine à écouter jusqu'au bout le récit de Taddeo. Quand le député eut achevé, Frédéric, transporté de fureur, s'écria en jetant un regard farouche sur les assistants :

« Le pape m'a déposé dans son concile, prétendant me ravir ma couronne. C'est le comble de l'audace! Qu'on m'apporte mes cassettes. »

On les lui présenta aussitôt ; il les ouvrit et ajouta :

« Regardez! Est-ce que mes couronnes sont perdues? »

Il en posa une sur sa tête, puis se redressa, et, avec des yeux menaçants, une voix terrible, il reprit :

« Non, je ne suis point encore dépossédé du diadème. Le pape et le concile ne me l'ôteront pas sans qu'il y ait du sang répandu. »

Et, après une pause, il continua :

« Quoi ! un homme sans naissance a eu l'insolence d'attenter à ma dignité impériale, de s'attaquer à moi, qui n'ai point d'égal parmi les princes, et il espère ruiner ma puissance!

« Il se trompe et rend ma condition meilleure : j'étais obligé de lui obéir en quelque chose, ou du moins de le respecter ; maintenant je ne lui dois plus rien. »

A ces paroles répondit un cri de haine contre le pontife : princes, émirs, soldats, tous protestèrent qu'ils défendraient l'Empereur jusqu'à la dernière goutte de leur sang.

Frédéric les remercia, dit qu'il en appellerait prochainement à leur zèle et à leur dévouement, et annonça qu'il allait prendre des mesures vigoureuses pour s'opposer aux entreprises du pontife.

Après avoir congédié l'assemblée, le prince se fit rendre compte en détail des séances du concile.

Étonné d'apprendre que Taddeo de Suessa avait seul porté la parole, il somma Pierre des Vignes d'expliquer son silence.

« Votre cause, seigneur, était perdue à l'avance, selon mon opinion, déclara le chancelier.

— Est-ce là ton zèle à reconnaître mes faveurs? » reprit le tyran d'une voix étranglée par la colère.

Pierre trembla; il sentit les préliminaires de la disgrâce. Toutefois il répliqua :

« Il m'avait semblé plus digne de rester impassible en face d'accusations impossibles à réfuter...

— Comment! impossibles à réfuter! interrompit Frédéric : me crois-tu donc coupable aussi, toi?

— A Dieu ne plaise que je nourrisse de pareilles pensées contre le plus noble des maîtres! balbutia Pierre des Vignes. J'ai voulu dire simplement que le concile étant décidé à trouver mauvaises les actions de Votre Majesté, même les plus légitimes, toute objection m'a paru inutile. D'ailleurs Taddeo a parlé d'une manière sublime. »

Frédéric ne se paya pas de cette justification.

« Quand j'aurai besoin de députés, fit-il, je me garderai bien de choisir des chiens muets, ne sachant point aboyer devant les loups. »

Et il congédia le chancelier en le prévenant qu'il le ferait surveiller, et qu'au moindre soupçon d'infidélité, il le punirait avec la dernière rigueur.

Le soir de ce jour, Eccelino de Romano et plusieurs courtisans furent admis auprès de l'ex-Empereur en audience particulière. Ils avaient témoigné le désir de lui soumettre un projet important dans la circonstance actuelle.

Eccelino de Romano l'emportait peut-être en perversité sur Frédéric lui-même.

Agé de quarante-deux ans et gendre du monarque allemand, dont il avait épousé la fille Selvaggia en 1238, il était fameux par sa cruauté impitoyable et ses talents guerriers.

C'était un homme de petite taille, aux traits anguleux, au nez aquilin, au regard effrayant. Il n'avait d'autre passion que celle de dominer et de verser le sang.

Il avait hérité de son père, dans la Marche Trévisane, de deux minces seigneuries. A force d'astuce et de forfaits, il avait agrandi ses domaines; maintenant il commandait en maître dans Padoue et dans Vérone.

Il signala sa puissance sur ces deux villes par des supplices multipliés.

Pour dompter l'esprit indépendant de Padoue, accoutumé au gouvernement populaire, il demanda des ôtages aux familles les plus considérées, et fit arrêter tous ceux qui, par leur éloquence, leurs richesses ou leur nom, avaient le plus d'influence.

Ensuite il ordonna de raser jusqu'aux fondements les maisons de tous les émigrés, et enrôla de force les jeunes gens dans les troupes qu'il levait pour la guerre, et qu'il soumettait au joug de la plus rigoureuse discipline.

Au bout de deux ans, quand il crut avoir étouffé dans la ville tout sentiment de liberté, il fit trancher la tête, sur la place publique, aux gentilshommes dont le crédit lui portait ombrage. Par ses ordres, les bourgeois qui témoignaient encore quelque attachement à l'ancien gouvernement périrent au milieu des flammes ou sur un ignoble échafaud.

Il étendit ses conquêtes sur la république de Trévise, s'empara des deux villes de Feltre et de Bellune, et partout répandit des torrents de sang.

Nommé par Frédéric vicaire impérial dans tous les pays situés entre les Alpes de Trente et le fleuve Oglio, il immola l'élite de la noblesse avec des raffinements de cruauté.

Tantôt il faisait murer les portes des prisons, et ses victimes, livrées aux horreurs de la faim, jetaient au loin l'effroi par leurs cris lamentables; tantôt il les faisait mettre à la torture, non point pour tirer d'elles des révélations, mais pour leur rendre la mort plus douloureuse.

Des cachots horribles avaient été construits par son ordre; on s'était étudié à en rendre le séjour ténébreux, impur, pestilentiel. Des hommes, des femmes, des enfants, y étaient entassés les uns sur les autres; et parmi ces enfants plusieurs, avant d'y être enfermés, avaient été aveuglés ou mutilés d'une odieuse façon.

Pourtant cet abominable tyran avait senti fléchir une fois son infernal génie devant le courage d'un apôtre.

Il venait d'égorger à Vérone une multitude de victimes. A cette nouvelle, saint Antoine de Padoue, de l'ordre de Saint-François, accourut au palais du sanguinaire Eccelino.

« Ennemi de Dieu, tyran cruel, chien enragé! s'écria-t-il, jusques à quand verseras-tu le sang innocent des chrétiens? Voilà que la sentence de Dieu plane sur toi, sentence rigoureuse et irrévocable. »

Il ajouta beaucoup d'autres paroles non moins accablantes.

Les satellites qui entouraient Eccelino de Romano attendaient le signal accoutumé pour mettre en pièces le moine audacieux; mais le tyran ne donna pas ce signal.

Frappé de stupeur par ce langage, il devint doux comme un agneau, s'attacha sa ceinture au cou en guise de corde, se prosterna devant Antoine, confessa ses crimes et promit de s'amender.

Le monstre avait cédé à la terreur : il avait cru voir, comme il le raconta ensuite à ses complices, rayonner une splendeur divine sur le visage du franciscain; son épouvante fut telle, qu'il s'imagina être sur le point de descendre dans les abîmes infernaux.

Depuis il respecta à sa manière le terrible moine.

Voulant un jour mettre sa vertu à l'épreuve,

il lui envoya un présent considérable par les mains de ses serviteurs, auxquels il dit :

« Vous offrirez de ma part ce don à frère Antoine, avec le plus d'humilité et de dévotion que vous pourrez : s'il le reçoit, vous le tuerez aussitôt ; mais s'il le repousse avec indignation, supportez tout avec patience, et revenez sans lui faire de mal. »

Les ministres du tyran, s'étant donc présentés à Antoine avec toute sorte de respects, lui dirent :

« Votre fils Eccelino de Romano se recommande à vos prières, et vous supplie d'agréer le présent qu'il vous envoie. »

Antoine repoussa avec indignation ce qu'ils lui offraient, leur adressa de vifs reproches, et s'écria :

« Je n'accepte rien de ce qui a été dérobé à autrui. Tous vos biens sont des instruments de perdition. Retirez-vous sur-le-champ; votre présence souille ma demeure. »

Les serviteurs du tyran s'éloignèrent tout confus, et racontèrent à leur maître comment ils avaient été accueillis.

« Cet homme est sincère, déclara Eccelino: laissez-le; qu'il dise désormais tout ce qu'il voudra. »

Tel était le gendre de Frédéric II, un scélérat de la pire espèce, et nulle part l'histoire ne nous apprend que le prince teuton lui ait reproché ses crimes; au contraire, il lui témoignait en toute circonstance une confiance sans bornes.

Frédéric et Eccelino étaient faits pour s'entendre : l'ex-Empereur et le seigneur de Romano étaient de même valeur.

Au moment où Eccelino et ses amis furent introduits dans la salle où se tenait leur maître, Frédéric se promenait seul, en proie à une violente agitation; il sentait visiblement toute la portée de l'acte accompli par le pontife au concile de Lyon, et il se demandait sans doute comment il en neutraliserait les conséquences.

A la vue d'Eccelino, il s'arrêta, et son regard vacillant se fixa sur le seigneur de Romano.

« Tu le vois, dit-il, je ne me suis pas trompé dans mes prévisions, lors de l'avénement de Sinibald de Fieschi au pontificat : cardinal, il était mon ami; devenu pape, il s'est fait mon ennemi le plus acharné.

— Il fallait vous attendre à cela : les pontifes de Rome ne supporteront jamais volontairement la puissance impériale, à moins qu'elle ne leur cède aveuglément, répondit Eccelino. Mais, seigneur, le mal est fait; il s'agit maintenant d'y porter remède.

— C'est là précisément ce que je cherche.

— Votre Majesté a mal choisi ses mandataires au concile; permettez-moi, seigneur, de vous le dire franchement.

— C'est mon avis. Pourtant Taddeo de Suessa a protesté.

— Il a prononcé de vaines paroles, quand les circonstances réclamaient des actes.

— Que pouvait-il faire?

— Ce que nous nous proposons d'accomplir, si Votre Majesté nous y autorise.

— Quoi, enfin ?

— Eh bien ! si quelques-uns de vos serviteurs que je connais, et dont plusieurs sont en ce moment devant Votre Majesté, eussent été chargés de vous représenter au concile, ou Innocent n'eût pas prononcé la sentence, ou c'eût été le dernier acte de sa vie.

— Que veux-tu dire ?

— Le devoir d'un sujet dévoué était de frapper le pontife en pleine assemblée. Un pareil coup eût servi d'exemple aux siècles à venir.

— Peut-être as-tu raison.

— Mais ce qu'on n'a pas fait alors, il est encore temps de le faire. Mes amis et moi, nous offrons nos bras à Votre Majesté. »

Frédéric devint pensif; il se prit à réfléchir, et s'assit près d'une table, la tête dans ses mains.

Ce n'était point que le crime l'effrayât, il en avait commis bien d'autres, et le caractère sacré du pontife n'était pas de nature à l'arrêter ; mais il craignait qu'un tel attentat n'achevât de le perdre dans l'esprit de ses sujets : en l'ordonnant, ou seulement en ne l'empêchant pas, il justifiait toutes les accusations portées contre lui, les anathèmes du concile et la sentence de déposition.

Quelle que fût sa rage, il n'était pas homme à sacrifier les chances qui lui restaient de se maintenir dans ses États, pour l'unique satisfaction de la vengeance.

Ce fut dans ce sens qu'il s'en expliqua avec Eccelino.

« Cependant, répéta celui-ci, vous ne pouvez rester impassible sous le coup qui vous frappe.

— Aussi je m'occupe d'y parer. Il faut que je prouve au monde ma modération, et la proposition que tu viens de me faire y servira.

— Comment cela ?

— Mon chancelier écrira que plusieurs de mes serviteurs voulaient punir le pontife de son audace, et que je ne l'ai pas permis. Ce sera un témoignage irréfragable de l'honnêteté de mes sentiments. »

Eccelino, qui, pour accabler un ennemi ou comme moyen d'atteindre le but convoité, ne connaissait que les procédés violents, garda le silence.

Frédéric, le voyant attristé de l'insuccès de son idée, lui promit d'y réfléchir mûrement, et annonça que le lendemain il manifesterait ses intentions.

Quand Eccelino se fut retiré avec les autres courtisans, Frédéric manda les deux émirs.

« Tenez vos troupes prêtes, leur dit-il ; peut-être sera-t-il nécessaire que vous passiez en Sicile.

— Seigneur, vos volontés sont notre loi, répliquèrent-ils en plaçant la main droite sur leur cœur.

— Je compte entièrement sur votre fidélité et sur celle de vos braves soldats.

— Ni la nôtre ni la leur ne failliront jamais.

— Je le sais. Plût à Dieu que je fusse dans la même situation que les princes de votre religion ! Ils réunissent dans leur personne le pouvoir civil et le pouvoir spirituel ; ils sont les représentants du Prophète en même temps que les dépositaires de la royauté, tandis que moi, malgré l'étendue de mes États et ma dignité impériale, je suis comme le vassal d'un évêque de Rome.

— Il ne tient qu'à vous, seigneur, de vous affranchir, repartit Abou-Fazer.

— C'est difficile.

— Pourquoi?

— A cause de ma religion.

— Changez-en. Substituez l'islamisme au culte du Christ.

— Une pareille mesure ne s'exécute pas en un jour, et le succès serait incertain.

— Vous êtes entouré de soldats dévoués; vous possédez en Allemagne, en Italie, en Sicile, de nombreuses places fortes. Avec de telles ressources vous imposerez le Coran à l'Europe, si vous osez l'entreprendre.

— La tâche serait rude.

— Mohammed, proscrit, persécuté, a réussi, en quelques années, à former un empire formidable.

— Peut-être le parti que tu me suggères tournerait à mon avantage, déclara Frédéric; mais une question si grave exige un sérieux examen. Nous en reparlerons. »

Et il donna aux deux émirs des instructions détaillées sur le mouvement de leurs troupes, afin de pouvoir faire face aux événements.

Il vit ensuite ses trois fils : Conrad, Manfred et Enzio.

Conrad reçut l'ordre de partir pour l'Allemagne, pour entraver l'élection du nouvel Empereur, et le combattre s'il était élu.

Manfred eut la mission de passer en Sicile, pour empêcher le soulèvement de l'île, dont certaines provinces fermentaient déjà.

Frédéric resta seul avec Enzio, le plus aimé de ses enfants. Il chérissait en lui toutes les qualités de sa race : force physique, beauté rare, tempérament guerrier, talents militaires du premier ordre.

En outre, Enzio professait pour son père une sorte de culte, et partageait jusqu'à ses tendances à l'islamisme.

A cela, rien de surprenant. Enzio avait eu pour mère une musulmane, morte quand il avait douze ans. Il avait sucé avec le lait et la première éducation des préjugés vivaces contre le christianisme.

A quinze ans, il guerroyait déjà en Italie, épousait Adélaïde, héritière de la Sardaigne, qui lui apportait en dot une partie de cette île avec le titre de roi.

A dix-huit ans il était veuf, et se signalait par de brillants exploits.

Il devint le bras droit de son père; car il était aussi apte à l'intrigue qu'à la guerre.

Frédéric, menacé par le concile, sentait la nécessité rigoureuse de maintenir ouvertes et faciles les communications entre la haute Italie et le midi de la Péninsule; pour cela, il lui fallait la possession de la Romagne.

Au moment où il se préoccupait de nouer des intelligences dans Bologne, Jean Barrettone, son émissaire secret, l'informa de la visite demandée par Lucia Ugoni, et Enzio partit sur-le-champ afin de s'entendre avec l'astrologue.

De là ce délai d'un mois entre la demande et la consultation. De là aussi la rencontre fortuite en apparence d'Enzio et de la fille du podestat. De là enfin la prédiction faite à Lucia.

Et en réalité Frédéric eût permis avec plaisir le mariage de son fils avec Lucia. Felippo Ugoni jouissait à Bologne et dans tout le pays d'une influence considérable. En gagnant cette famille puissante, il se fût assuré, croyait-il, de la Romagne.

De son côté, Enzio, qui avait entrevu seulement la fille du podestat, avait gardé d'elle un profond souvenir. L'image de Lucia s'était gravée dans son esprit; cette physionomie hautaine, résolue, lui convenait : elle partagerait ses ambitions et le seconderait dans ses entreprises.

Dans le plan de l'ex-Empereur, Conrad, le seul fils légitime qui lui restât, devait gouverner l'Allemagne, et plus tard être invésti de la dignité impériale ; la Sicile était dévolue à Manfred ; l'Italie serait partagée entre Eccelino et Enzio, sous la suzeraineté de l'Empereur.

Mais la Péninsule était loin d'obéir à la loi de Frédéric, et la sentence de déposition n'était pas faite pour consolider la domination du prince allemand.

A la vue d'Enzio, les traits farouches du tyran s'adoucirent; il tendit affectueusement la main au jeune homme, qui la porta à ses lèvres, et il lui dit :

« Il faut pousser activement l'affaire de Bologne; car il nous importe plus que jamais de nous emparer de cette ville.

— Cette entreprise demandera du temps, à moins que nous n'agissions de vive force.

— C'est impossible en ce moment : les Bolonais et toutes les cités appartenant à la ligue lombarde sont pleines de défiance, et leurs soldats prêts à marcher. N'y aurait-il pas moyen de traiter promptement avec Felippo Ugoni?

— Le podestat est un homme difficile à séduire.

— Mais sa fille?

— Sa fille est pour nous, au dire de l'astrologue; du moins, la prédiction qu'il s'apprêtait à lui faire, tout en restant dans le vague, a dû la gagner entièrement à notre parti. D'ailleurs il dépend de nous de préciser davantage les paroles de Barrettone.

— De quelle façon?

— Il suffira que je fasse demander la main de Lucia.

— Ugoni refusera d'abord.

— Qu'importe? Lucia saura que je lui destine un trône, une couronne; et, du caractère qu'on lui connaît, elle sera pour toujours attachée à notre cause.

— Et à quoi nous servira-t-elle?

— Autant que j'ai pu en juger le soir où je l'ai vue, cette jeune fille est douée d'une grande énergie. Si l'astrologue réussit à nouer avec elle des relations suivies, elle nous aidera puissamment à devenir maîtres de Bologne.

— Tâche donc de revoir Jean Barrettone. Les

astrologues ont du bon; quelques-uns possèdent des connaissances étendues; la plupart ont du savoir-faire, et sont propres à l'intrigue. Fais en sorte toutefois d'agir avec prudence et de ne point tomber aux mains des Bolonais.

— Je me fais fort de pénétrer dans leur ville sans qu'ils y soupçonnent ma présence.

— Ne commets pas une telle folie, reprit Frédéric, qui savait son fils capable de toutes les audaces : point de bravades dangereuses. Tu te rendras à Parme avec quelques hommes sûrs, et de là tu communiqueras avec l'astrologue. Nous avons un certain nombre de partisans à Bologne; qu'il s'abouche avec eux, afin d'arrêter la marche à suivre. »

Enzio promit de partir dès le lendemain. Eccelino, de son côté, faisait ses préparatifs pour retourner à Padoue, où il aurait la main sur les villes soumises à son autorité, au cas où la promulgation de la sentence rendue contre Frédéric provoquerait des soulèvements.

V

LES MESSAGES.

Le jour suivant, dès le matin, l'ex-Empereur manda son chancelier, Pierre des Vignes. Il lui annonça qu'il allait expédier des lettres aux principaux monarques de la chrétienté, pour leur expliquer avec quelle injustice le pape l'avait traité, et tâcher de les rendre favorables à sa cause.

Il comptait s'adresser aux rois de France et d'Angleterre, à ceux d'Espagne, de Portugal et de Scandinavie.

Il dicta aussitôt pour ces princes la missive suivante :

« L'antiquité proclame heureux ceux que le « péril d'autrui rend précautionnés. L'état de « celui qui suit s'affermit par l'expérience de « celui qui précède. Comme la cire reçoit l'em- « preinte du sceau, ainsi la conduite de la vie « humaine se forme par l'exemple.

« Plût à Dieu que Notre Sérénité eût saisi à

« temps cette heureuse réflexion, et que les rois « et les princes chrétiens qui ont été autrefois « nous eussent laissé cette sage précaution que « nous vous offrons, ô rois et princes chrétiens, « par le dommage extrême causé à Notre Ma- « jesté.

« Ceux qui portent le nom de clercs, engrais- « sés par les aumônes des pères, oppriment les « fils. Les enfants mêmes de nos sujets, oubliant « leur condition, ne daignent plus respecter ni « empereur ni roi, dès qu'ils sont ordonnés pères « apostoliques.

« Ce que nous insinuons par ce préambule « se prouve par la présomption du pape Inno- « cent IV.

« Ayant convoqué un concile prétendu géné- « ral, il a osé fulminer contre nous une sen- « tence de déposition, sans nous avoir cité ni « convaincu d'aucune fraude ou d'aucun méfait, « sentence qui ne pourrait s'exécuter qu'au pré- « judice immense de tous les rois.

« En effet, que ne doit pas redouter chaque « roi d'un tel prince des prêtres, s'il entreprend « de nous déposer, nous qui sommes couronné « Empereur au nom de Dieu, par l'élection so- « lennelle des princes et l'approbation de toute « l'Église, et qui gouvernons tant de royaumes?

« Et cependant il n'a droit d'exercer contre « nous aucune rigueur, quant au temporel, lors « même qu'il en existerait des causes parfaite- « ment prouvées.

« Mais nous ne sommes pas les premiers que « l'abus de la puissance sacerdotale cherche

« ainsi à précipiter du trône, et nous ne serons « pas les derniers.

« C'est vous qu'il en faut accuser, vous qui « obéïssez à ces hypocrites de sainteté, dont « l'ambition espère engloutir le monde entier.

« Ah! si votre crédule simplicité voulait se « garder du levain des scribes et des pharisiens, « qui est l'hypocrisie, selon la parole du Sau- « veur, combien, dans cette cour pontificale, « vous trouveriez à détester d'infamies que la « pudeur ne nous permet pas même d'expri- « mer!

« Les grands revenus dont ils se sont enrichis « aux dépens de plusieurs royaumes, voilà ce qui « les a rendus insensés.

« Chez vous, les chrétiens et les pèlerins men- « dient, parce que ces misérables les ont ap- « pauvris.

« Vous opprimez les maisons des vôtres pour « agrandir les villes de vos adversaires.

« Repus de vos aumônes, ces prétendus pau- « vres du Christ, quelle récompense, quelle « marque de reconnaissance vous donnent-ils?

« Si vous leur tendez une main libérale, ils « vous saisissent non-seulement cette main, « mais encore le coude, vous enlaçant dans leur « filet comme un oiseau qui, plus il se débat « pour se délivrer, plus il s'engage dans les « mailles.

« Ce que nous écrivons en ce moment expose « insuffisamment nos vœux. Le reste vous sera « communiqué en secret.

« Nous vous ferons connaître à quels usages

« ces hommes avares emploient les richesses des « pauvres ;

« Ce que nous avons découvert touchant l'élec- « tion de l'Empereur, à moins que la paix se soit « rétablie entre l'Église et nous ;

« Ce que nous pensons faire pour sauvegarder « les intérêts communs et particuliers de tous les « rois ;

« Ce qui a été ordonné sur les îles de l'O- « céan ;

« Ce que la cour pontificale machine contre « tous les princes, au moyen de certains projets « que nous avons pénétrés par nos affidés ;

« Par quels efforts et quelles troupes nous es- « pérons, au printemps prochain, écraser tous « ceux qui prétendent nous accabler.

« Ce que les porteurs des présentes vous ra- « conteront, croyez-le avec autant de confiance « que si saint Pierre vous le communiquait avec « serment.

« Au reste, de ce que nous nous adressons à « vous en cette circonstance, ne croyez pas que « la sentence de déposition ait abaissé en rien la « magnanimité de Notre Majesté.

« Nous avons pour nous la pureté de notre « conscience, et Dieu par conséquent ; il nous est « témoin que notre intention a toujours été de « réduire les ecclésiastiques, principalement les « plus grands, à l'état où ils étaient dans la pri- « mitive Église, menant une vie apostolique et « imitant l'humilité de Notre-Seigneur.

« Alors ils voyaient les anges, guérissaient les « malades, ressuscitaient les morts, et soumet-

« taient les rois et les princes non par les armes, « mais par la sainteté.

« Mais ceux-ci, livrés au siècle, enivrés de « délices, méprisent Dieu, et l'excès de leurs ri- « chesses étouffe en eux toute religion.

« C'est donc une œuvre de charité de leur ôter « ces richesses pernicieuses qui les accablent, et « c'est à quoi vous devez travailler avec moi de « tout votre pouvoir. »

Dans la lettre destinée au roi de France, Frédéric s'efforçait surtout de démontrer que la sentence du pape était nulle.

« Le juge est incompétent, disait-il. Car, bien « que, suivant la foi catholique, nous recon- « naissions que Dieu a donné au pape la pléni- « tude de la puissance en la matière spiri- « tuelle, on ne trouve toutefois écrit nulle part « qu'aucune loi divine ou humaine lui ait ac- « cordé le droit de transférer l'Empire à son « gré, ou de déposer les rois et les princes pour « le temporel, et de les punir par la privation de « leurs États.

« Il est vrai que, par le droit et la coutume, « il lui appartient de nous sacrer; mais cette « prérogative ne lui confère pas plus la faculté « de nous déposer qu'aux prélats des autres « royaumes qui sacrent leurs rois. »

En vérité, il fallait une audace extraordinaire à l'ex-Empereur pour dresser en pareils termes l'acte d'accusation de l'Église au lendemain du grand pontificat d'Innocent III et de celui de Grégoire IX. Jamais peut-être on n'avait vu semblable floraison de sainteté, d'hommes illustres, d'efforts scientifiques. Dans tous les rangs de la société, sur les trônes, sur les siéges épiscopaux, dans les monastères, parmi le peuple, éclataient des vertus sublimes.

Le XIIIe siècle fut glorieux et riche en œuvres magnifiques.

Il vit s'élever, au souffle enthousiaste de la foi, ces prodigieuses églises gothiques, poëmes de pierre qui effraient le génie moderne par la hardiesse de leurs constructions et la splendeur de leurs formes.

La peinture préludait à l'avénement des Raphael et des Michel-Ange.

Dante Alighieri, l'Homère chrétien, allait composer son chef-d'œuvre immortel et démontrer combien l'idée chrétienne l'emporte sur la mythologie grecque.

Thomas, le fils de saint Dominique, écrivait ses ouvrages impérissables, expression de la plus haute doctrine, plaçant leur auteur au-dessus de tous les savants de son époque.

Dans ce siècle, point de situation mitoyenne : le mal luttait corps à corps avec le bien, l'Église avec la société de Satan, le ciel avec l'enfer.

L'Empereur allemand, l'ami de l'islamisme, groupait autour de lui les plus atroces scélérats que la nature eût enfantés : en première ligne Eccelino de Romano, que ses contemporains proclamaient plus cruel que Néron.

Le pontife, à la tête de l'Église, remplissait donc dignement sa mission en frappant le chef de ces hommes, enfants perdus du crime et du vice. Il rendait un immense service à l'humanité, et la postérité reconnaissante lui doit ses meilleurs hommages.

Quand Frédéric eut achevé de dicter la lettre insolente et mensongère qu'il adressait aux rois de la chrétienté, il voulut avoir à cet égard l'avis de Pierre des Vignes.

Le chancelier, depuis son retour du concile, sentait venir la disgrâce. Son silence à Lyon avait irrité le tyran.

Toutefois il se risqua une dernière fois à émettre son opinion.

Il avait vu de près les dispositions des prélats au sujet de son maître, et leur pensée était celle des peuples chrétiens dont ils gouvernaient les consciences; comprenant que Frédéric se briserait nécessairement un jour contre la puissance de l'Église, il eût voulu que le prince entrât dans les voies de la conciliation, non pour accomplir un devoir, mais pour conserver l'Empire.

Au fond, Pierre des Vignes ne valait pas mieux que le tyran; il avait été le complice, quelquefois même l'instigateur de ses crimes.

Mais, obéissant moins facilement à la passion, il avait une intuition plus nette des choses, et devinait que la violence persévérante amènerait une catastrophe.

Interrogé par Frédéric, il lui déclara donc franchement que, selon son opinion, aucun des princes à qui il écrivait n'accueillerait ses provocations contre le pontificat.

« Cependant leurs intérêts et les miens sont identiques, fit observer le prince.

— Il est vrai; mais leurs pensées sont différentes.

— Ma lettre les éclairera.

— Ne le croyez pas, seigneur. »

Le tyran fronça les sourcils; ses lèvres blêmirent de colère.

« La trouves-tu donc mal conçue ?

— Au contraire, je la trouve admirable.

— Eh bien! alors?

— Avez-vous réfléchi au caractère des rois dont il s'agit?

— Le roi de France, Louis IX, est un jeune homme de trente et un ans.

— Oui, sans doute; mais il vit comme un moine et n'obéit qu'aux inspirations des prêtres.

— Tactique habile, pur système politique, répliqua Frédéric, qui ne croyait ni à la vertu ni aux convictions religieuses.

— Il suit les exemples et les conseils de sa mère; or la reine Blanche n'a jamais dévié de la ligne de conduite où elle a engagé son fils.

— C'est que les prétentions du pontificat ne les ont point encore menacés : l'expérience que je fais leur ouvrira les yeux. D'ailleurs, mes députés, s'ils se conforment exactement à mes instructions, achèveront de les instruire. »

Le chancelier s'abstint de nouvelles objections, voyant que Frédéric prenait ses paroles en mauvaise part.

« Le roi d'Angleterre, Henri III, ajouta l'ex-Empereur, sera plus facile à convaincre que celui de France : c'est un homme faible, dont la volonté ne résistera pas à mes arguments. »

Pierre des Vignes secoua la tête en signe d'incrédulité.

« Ici encore tu ne penses pas comme moi? fit le tyran dont les yeux étincelaient.

— Le roi d'Angleterre n'est pas aussi maître de ses actions que le roi de France, répondit le chancelier.

— N'est-il pas, comme lui, investi de la souveraine puissance? Il n'a au-dessus de lui que l'Empereur. »

Le prince teuton avait la prétention d'être le supérieur des monarques de l'Europe, qu'il traitait dédaigneusement de *rois provinciaux,* et à qui il refusait le titre de *Majesté*. Se prévalant des traditions de l'ancien empire romain, dont il se regardait comme l'héritier, il voyait dans les autres souverains des subordonnés.

Pierre des Vignes se permit encore de répliquer :

« Quoique l'Angleterre soit voisine de la France, elle n'est pas soumise aux mêmes lois : depuis Jean Sans-Terre, le pouvoir royal est limité par la grande charte, et le prince n'est pas libre de faire tout ce qu'il veut. En outre, le roi Henri est pieux, et il refusera de se prononcer contre l'Église.

— S'il en est de même des rois d'Espagne, de Portugal et de Scandinavie, je ferai mieux de m'abstenir d'envoyer cette lettre, fit le tyran, que la fureur étouffait.

— Les rois de la péninsule ibérique sont remplis de déférence pour le pontife, et détestent les musulmans, qu'ils combattent avec acharnement. Quant aux rois de Scandinavie, ils sont dans les meilleurs termes avec Innocent.

— Je n'ai donc pas un ami en Europe! s'écria Frédéric hors de lui.

— Vous avez, seigneur, votre génie et vos fidèles serviteurs, repartit le chancelier; cela suffit. »

L'ex-Empereur le regarda de travers :

« Je hais les traîtres, dit-il, et je sais les démasquer.

— Votre Majesté, j'ose le croire, ne doute pas de ma fidélité? demanda Pierre des Vignes effrayé de la tournure que prenait l'entretien.

— Qui ne me défend pas est contre moi, » reprit Frédéric en faisant encore allusion au concile.

Le chancelier jugea prudent de se taire.

Le prince lui ordonna de faire plusieurs copies de la lettre, de les sceller du sceau impérial, et de lui envoyer les seigneurs qu'il désigna, et à qui il voulait confier ces messages.

Le soir même, les députés de Frédéric quittaient Turin, pour se rendre les uns en France, les autres en Angleterre, en Espagne, en Portugal ou en Scandinavie.

Eccelino de Romano partait pour Padoue, et Enzio pour la ville de Parme, d'où il devait se mettre en communication avec l'astrologue Barrettone.

Les envoyés impériaux, à leur arrivée à la cour de France, trouvèrent un contraste frappant entre la conduite du roi Louis IX et celle de leur maître.

Le jeune prince vivait comme un sage, ou plutôt comme un vrai chrétien, et gouvernait en grand roi.

Il avait succédé à son père à l'âge de douze ans, sous la régence de sa mère, Blanche de Castille, une femme héroïque qui, au jour du sacre, put répondre à la France de la fermeté du gouvernement.

Elle sut affermir la monarchie, et former le meilleur des rois.

Au bout de dix ans, elle transmit à Louis un sceptre assez fort pour imposer aux grands feudataires le respect de l'autorité souveraine, et continua de l'éclairer de ses conseils dictés par dix années d'expérience.

Après avoir nourri le prince de son lait, elle s'était consacrée à son éducation avec une sévérité maternelle, sans autre assistance que celle de frère Pacifique, l'ami de saint François d'Assise.

Afin de lui conserver la pudeur délicate qu'elle lui avait inspirée, elle lui avait fait épouser à dix-neuf ans Marguerite de Provence, princesse aussi distinguée par ses vertus que par sa beauté.

Faible de santé, d'un extérieur modeste, Louis IX était doué d'un rare bon sens et d'une persévérance indomptable.

Il se possédait tellement, qu'on l'aurait dit sans passions; toujours doux, plein de confiance dans les autres, il ne s'occupait jamais de sa personne.

Chaque nuit il quittait son lit de planches pour se livrer à la prière; il assistait à tous les offices de l'Église, et même aux sermons quand les affaires le lui permettaient; il se confessait une fois la semaine, puis lisait la Bible, qu'il expliquait à ses courtisans, ainsi que les saints Pères, et discutait sur les vérités éternelles.

Un jour, on lui reprocha de perdre ainsi un temps précieux.

« Vous ne trouveriez point à redire à ma conduite si je le perdais à jouer aux dés, » se contenta-t-il de répondre.

A l'approche des jours où l'Église rappelle la consommation du grand sacrifice du Christ sur le Golgotha, il parcourait les rues de la capitale à jeun, nu-pieds, au milieu de la fange et des cailloux; après avoir visité les églises et distribué d'abondantes aumônes aux pauvres, il rentrait fatigué au palais.

Il résumait toutes les vertus dans l'idée du devoir, tous les devoirs dans ceux du chrétien.

Poli, affable, accessible à tous, il se préoccupait sans cesse de la bonne distribution de la justice. Ses conseillers avaient toute liberté de le reprendre quand ils le croyaient en faute, et le prince s'empressait de profiter de leurs avis.

L'abbé de Cluny, à Hyères, lui avait fait présents de deux magnifiques poulains, et avait obtenu une longue audience.

Après le départ du moine, le sire de Joinville, sénéchal de Louis, lui dit en souriant :

« N'est-il pas vrai, Sire, que le don du bon père a contribué un peu à ce qu'il fût écouté si bénignement? »

Le roi, après avoir réfléchi quelque temps, répondit :

« C'est vrai.

— Savez-vous, Sire, pourquoi je vous ai fait cette question?

— Pourquoi?

— Parce que je vous engage à défendre à tous vos conseillers d'accepter rien de ceux qui ont affaire à vous; car soyez certain que, s'ils reçoivent quelque chose, ils écouteront plus volontiers et plus attentivement ceux qui leur auront donné, comme vous l'avez fait avec l'abbé de Cluny. »

Après cet avis, Louis défendit à tout membre de son conseil de recevoir des présents.

Actif, plein de sagesse et de ressources dans les affaires les plus épineuses, il réunissait toutes les qualités propres à le rendre cher à son peuple, digne de l'admiration des étrangers et redoutable aux ennemis de la France.

Tour à tour capitaine et soldat, il avait donné des preuves de sa capacité dans le métier de la guerre et de son courage au milieu des dangers. Les comtes de la Marche, de Bretagne, de Toulouse, de Champagne et le roi d'Angleterre avaient senti le poids de ses armes.

Voilà le prince que Frédéric espérait séduire, et rendre complice de ses résistances à la papauté et de son exécrable tyrannie.

L'heure qu'il avait choisie n'était guère propice à ce dessein : Louis se préparait activement à la croisade qu'il faisait prêcher dans tout son royaume.

Pendant une maladie dangereuse, il avait fait vœu de franchir les mers pour délivrer les chrétiens d'Orient. A la suite d'une léthargie durant laquelle on l'avait cru mort, il appela l'évêque de Paris, Guillaume d'Auvergne.

Le prélat étant venu, le roi le pria de lui mettre

sur l'épaule la croix de pèlerin pour le voyage d'outre-mer.

Les deux reines, sa mère et son épouse, le conjurèrent d'attendre qu'il fût entièrement guéri; alors il ferait ce qu'il lui plairait; mais il déclara qu'il ne prendrait aucune nourriture qu'on ne lui eût donné la croix.

L'évêque de Paris, n'osa refuser; il la lui attacha en fondant en larmes.

En conséquence de cet engagement pris en 1244, et dont l'exécution dut être ajournée, Louis fit prêcher la croisade, l'année suivante, dans toutes les églises de son royaume.

Les députés de Frédéric, en traversant la France, furent témoins de l'enthousiasme des populations, excitées par la foi et l'exemple du monarque : clergé, noblesse, paysans, s'inscrivaient en masse pour la guerre sainte.

Arrivés à Paris, les porteurs de la missive de l'ex-Empereur demandèrent une audience à Louis IX, qui les reçut solennellement. Ils lui remirent la lettre de leur maître, et le roi ajourna la réponse à trois semaines de là.

Au commencement d'octobre, Louis réunit à Paris une nombreuse assemblée, composée des chefs du clergé et de la noblesse, et à laquelle il invita les députés de Frédéric.

Ils s'y rendirent.

Là, les serviteurs du tyran allemand furent témoins d'un spectacle sublime : le cardinal Eudes de Châteauroux, légat du pape, renouvela les exhortations du pontife adressées à tous les fidèles en faveur des chrétiens d'Orient.

Le roi joignit sa parole à celle du cardinal.

Aussitôt ses trois frères s'empressèrent de prendre la croix ; la reine Marguerite, la comtesse d'Artois, la duchesse de Poitiers, belle-sœur du monarque, jurèrent d'accompagner leurs époux au delà des mers.

Cet acte solennel indiquait suffisamment aux représentants de Frédéric quelle serait la réponse de Louis.

Le prince, les ayant fait approcher, leur dit :

« Les rois comme les peuples doivent obéissance à Dieu et à son vicaire sur la terre. Dans les circonstances présentes, je me croirais indigne des bénédictions célestes si j'accédais aux demandes de votre maître. Rapportez-lui mes paroles ; ajoutez que je désire vivement qu'il se réconcilie avec le pontife, mais qu'il ne m'appartient pas de juger une cause sur laquelle un concile a prononcé. »

Les députés, ainsi congédiés, se retirèrent en silence, comprenant que toute insistance serait inutile.

Leurs collègues dépêchés en Angleterre ne furent pas plus heureux dans leur mission.

Le prince qui régnait en ce pays n'avait pas, il est vrai, les grandes qualités de Louis IX ; mais il était attaché à la foi catholique, au pape, à l'Église.

Sous son règne de cinquante-six ans, ses sujets vécurent heureux et prospères.

Grâce à son gouvernement pacifique, les richesses et les propriétés de la nation s'accrurent plus que sous aucun de ses ancêtres guerriers.

Durant le long espace de temps qu'il porta le sceptre, Henri III entraîna rarement les tenanciers de la couronne dans les contrées étrangères, et ne les appauvrit point pour entretenir des armées mercenaires.

Les propriétaires, privés de deux sources de fortune, le pillage sur l'ennemi et la rançon des captifs, reportèrent leurs efforts vers l'amélioration de leurs terres; des règlements salutaires encouragèrent l'esprit de commerce; et il y eut à peine un seul port, de la côte de Norwége à celle de l'Italie, qui ne fût annuellement visité par des marchands anglais.

Ce prince levait peu de contributions, et ses dépenses n'excédaient pas vingt-quatre mille marcs d'argent par an.

De son temps, de grands et saints évêques illustrèrent les principaux siéges de l'Angleterre; parmi ces prélats éminents il suffit de citer les Edmond, les Richard, les Robert Grossetête, tous renommés par leurs vertus, leur science et l'influence qu'ils exercèrent sur les mœurs publiques.

Le roi vénérait ces nobles personnages, et lui-même se distinguait par sa piété, jusqu'à laver les pieds des pauvres.

Un tel monarque n'était pas d'humeur à entrer dans les projets de Frédéric; car il agissait d'une façon tout opposée au prince teuton.

Aussi les députés de l'ex-Empereur n'emportèrent pas d'Angleterre une réponse plus satisfaisante que leurs collègues envoyés à la cour de France.

Quant à l'Espagne, Frédéric n'avait rien non plus à en attendre pour sa cause.

La croisade perpétuelle des chrétiens contre les musulmans avait obtenu de merveilleux succès : les divers royaumes chrétiens s'étendaient par des victoires répétées; et sur le principal trône de la péninsule ibérique brillait un saint et un héros, Ferdinand III de Castille, oncle de Louis IX.

Ce prince avait procuré à l'Espagne l'union, la force et la gloire, en amenant à une alliance les quatre royaumes de Castille, d'Aragon, de Navarre et de Portugal.

Ferdinand, rempli d'une généreuse audace, avait pénétré dans l'Andalousie, ravagé les campagnes arrosées par le Xénil, conquis Cordoue et le royaume de Murcie.

Ensuite, fermant le Guadalquivir avec une flotte, il avait pris Séville, d'où trois cent mille musulmans émigrèrent.

Ces expéditions, soutenues par l'argent du clergé, l'avaient rendu la terreur des Maures, qu'il alla même insulter avec une flotte nombreuse jusque sur les côtes d'Afrique.

Dans ce monarque on admirait un heureux accord de la valeur, de la prudence et de la piété.

« Je crains plus, disait-il, la malédiction de la moindre pauvre femme que toutes les armes des Maures. »

Les députés de Frédéric échouèrent donc en Espagne, et le tyran n'obtint pas plus de sympathies dans la péninsule ibérique qu'en France et en Angleterre.

Dans les royaumes du Nord, le Danemark, la Norwége et la Suède, l'autorité de l'Église était prépondérante, et les rois écoutaient docilement sa voix.

C'est dire que la politique et les propositions de l'ex-Empereur y furent rejetées sans aucune hésitation.

Tandis que Frédéric tentait d'exciter les rois de l'Europe contre le pape et de les rallier à sa cause, Innocent se préparait à faire prêcher la croisade contre le monarque déposé. Son légat, dépêché en Pologne, y recueillait immédiatement des subsides.

Ainsi l'Europe entière, à la voix du pontife, condamnait Frédéric et repoussait ses propositions. Désormais, pour la chrétienté, le tyran excommunié n'était plus qu'un infidèle.

Ses députés revinrent à Turin, où il attendait le résultat de leur mission. Ils lui apprirent leur insuccès complet, et le refus des rois de pactiser avec le condamné du concile.

Il apprenait en même temps que Henri, landgrave de Thuringe, était proposé par le pape pour le remplacer à l'Empire, et sa rage ne connut plus de bornes.

De tous les points de l'Italie il appela ses troupes musulmanes et allemandes, dans le but de franchir les Alpes, de tomber sur la ville de Lyon, et de s'emparer du pontife.

Eccelino, Manfred et Enzio étaient chargés de contenir l'Italie frémissante, pendant qu'il traverserait les monts.

Toutefois, comme il lui fallait un intervalle

pour terminer les préparatifs, Frédéric en appela, selon son habitude, à la ruse et aux promesses fallacieuses. Il offrit au pape de se présenter à Lyon pour s'y justifier de l'accusation d'hérésie.

Le pontife lui accorda sa demande, mais à la condition expresse que l'ex-Empereur viendrait avec peu de monde.

Au moment même où il entrait en pourparlers avec Innocent, le tyran nouait des négociations avec le comte de Savoie, afin d'obtenir, au printemps prochain, le libre passage pour ses troupes.

Enzio avait emmené à Parme une troupe de gentilshommes ou compagnons d'armes, parmi lesquels deux officiers musulmans qui l'avaient suivi dans toutes ses expéditions.

Ces derniers étaient deux proches parents de sa mère; ils avaient été élevés avec lui, et leur influence était grande sur le fils de Frédéric. Guerrier habile, mais impitoyable, comme son père, Enzio avait pourtant reçu de la nature de brillantes qualités; mais la générosité de son cœur, combattue dès l'enfance par les exemples qu'il avait eus sous les yeux et les leçons qu'il recevait, sommeillait maintenant, inactive, en attendant qu'elle s'éteignît tout à fait.

Une femme vertueuse eût pu encore modifier le caractère du jeune roi; mais sa première épouse n'avait su exercer sur lui aucune influence. La nouvelle compagne qu'il méditait, dans un intérêt d'ambition, d'associer à sa destinée, était capable sans doute de prendre sur lui plus d'empire ; mais il était à craindre que Lucia ne sacrifiât jusqu'à ses convictions religieuses aux convoitises de l'orgueil.

Les Parmesans accueillirent Enzio avec froideur, et il ne tarda pas à remarquer que le parti guelfe acquérait graduellement plus de force. Cependant sa présence calma pour un instant l'ardeur des amis de l'Église et de la liberté, et les Gibelins, se sentant appuyés, reprirent courage.

Peu de jours après son arrivée, le prince envoya secrètement un émissaire à l'astrologue Barrettone, avec ordre de ne pénétrer dans la tour que de nuit, afin de ne point éveiller les soupçons des Bolonais.

Le retour d'Eccelino de Romano à Padoue fut le signal de nouveaux supplices. L'atroce scélérat, exaspéré de la condamnation de son maître, Frédéric II, se vengea du pontife sur les victimes entassées dans les prisons de la ville. Le sang coula à flots, et une terreur inexprimable s'empara de la population.

VI

LES DEUX FRÈRES.

L'hiver était venu; les campagnes s'étaient dépouillées de leur verdure; les environs de Bologne avaient perdu leur animation et leur gaieté de la belle saison.

La tour du Mathématicien se dressait toujours sur la colline, morne et silencieuse.

Dans la ville, Felippo Ugoni ayant achevé son année de magistrature, une nouvelle élection avait élevé à la dignité de podestat Ottone Visconti, le père de Silvia.

Felippo avait quitté la demeure affectée au chef de la république, pour retourner à son palais, un des plus magnifiques de Bologne.

Guido et sa femme étaient restés dans l'habitation des podestats, où ils avaient leur appartement.

Depuis le retour de son frère, Lucia vivait en

mauvaise intelligence avec lui; elle se sentait surveillée, et ne cachait pas l'indignation que cela lui causait.

Voilà pourquoi Guido, de concert avec Visconti et avec ses parents, n'avait point changé de domicile.

D'ailleurs Visconti, son beau-père, appréciant les talents du jeune homme, avait fait de lui son lieutenant.

Lucia vivait dans une tristesse et une irritabilité continuelles. L'hostilité des esprits contre Frédéric et ses partisans, les projets discutés contre l'ex-Empereur, les vœux qu'on formait publiquement pour l'achèvement de sa ruine, blessaient au cœur la jeune fille. Il lui semblait qu'en s'attaquant au tyran et à sa famille on préparait la ruine de sa propre fortune; car son imagination, enflammée par la prédiction de l'astrologue, faisait passer sans cesse devant son regard la couronne royale.

Persuadée que la main d'Enzio la ferait monter au trône, elle s'occupait sans cesse de ce fils de Frédéric. Sans savoir pour quel motif, elle identifiait souvent dans ses rêves la pensée du jeune roi avec le souvenir de ce bel adolescent qu'elle avait entrevu chez l'astrologue.

Matteo, le bouffon, était resté auprès de Guido, au palais du podestat; néanmoins il ne se passait guère de jour qu'il ne visitât Felippo Ugoni. Seulement il s'arrangeait de façon à ne point rencontrer Lucia, obéissant en cela aux recommandations d'Ugoni et à celles de Guido.

Enzio avait quelques intelligences dans Bologne; il s'était mis en relation, par le moyen de Barrettone, avec quelques vieux Gibelins incorrigibles, appartenant la plupart à l'université.

Vers le commencement de janvier, le bruit courut dans la ville que Frédéric travaillait à se concilier les cités de la ligue lombarde, et qu'il attachait un grand prix à l'alliance de Bologne. On ajoutait que son fils Enzio ne s'était rendu à Parme que pour remplir les intentions de l'ex-Empereur et discuter les conditions d'une paix définitive. Il aurait consenti à reconnaître l'indépendance absolue des républiques confédérées, pourvu que celles-ci s'abstinssent seulement de prêter main-forte au pape ou aux autres ennemis de Frédéric.

Ces rumeurs, auxquelles les Guelfes n'attachèrent d'abord aucune importance, finirent par prendre de la consistance. On ajoutait même que, pour gage de sa bonne foi, le prince allemand proposerait l'alliance d'un de ses fils avec une des premières familles bolonaises.

Enfin l'on parla tout haut d'Enzio et de la fille de Felippo Ugoni.

L'ancien podestat et Guido accueillirent avec indignation ces rumeurs, déclarant formellement que jamais leur maison ne pactiserait avec le tyran. Ils le connaissaient trop pour ne pas voir ici une nouvelle machination contre les libertés de la ville.

Lucia, informée de ces bruits étranges, ne put d'abord réprimer sa joie : les paroles de l'astrologue se confirmaient et s'éclaircissaient ; sa perspicacité ne l'avait pas trompée, et elle avait deviné juste en supposant que le roi qu'elle épouserait était Enzio.

Elle avait trouvé moyen de nouer des relations avec une famille dévouée secrètement à l'ex-Empereur, et dont le chef visitait fréquemment l'astrologue.

Cet homme se nommait Paul Ranieri. Veuf depuis six ans, il vivait à l'écart des affaires publiques avec sa fille, Marina, de l'âge de Lucia.

Longtemps il avait brigué la magistrature suprême de Bologne; mais, éconduit avec persistance par l'opinion, il avait gardé rancune de ces échecs, et s'était rallié aux Gibelins.

Néanmoins il avait si bien dissimulé ses sentiments, que nul ne le soupçonnait. Felippo Ugoni, le croyant fidèle, lui reprochait souvent de ne plus paraître aux conseils de la république, car il était sénateur. Mais il alléguait sa santé chancelante, son amour de la solitude, son âge déjà avancé, déclarant qu'il fallait laisser à de plus jeunes le gouvernement des affaires.

D'autre part, il y avait à Bologne un médecin célèbre, Marco Ventagoli, comptant parmi sa clientèle les premières maisons de la ville, entre autres celle de Felippo Ugoni.

Marco Ventagoli était intimement lié avec Paul Ranieri, et il se rendait quelquefois à la tour du Mathématicien.

Il paraissait complétement absorbé par l'étude et la pratique de son art, et des cures merveilleuses grandissaient d'année en année sa réputation. Il occupait une des principales chaires de l'université, et on l'estimait étranger aux choses de la politique.

Marco Ventagoli habitait une maison retirée, dans un des faubourgs de la ville, où il préparait lui-même les médicaments destinés à ses malades. Nul n'était admis dans son laboratoire, et l'on racontait que dans ses voyages il avait surpris des secrets merveilleux.

C'était un petit homme de cinquante ans, maigre, au teint jaunâtre, au front dépouillé, au regard ardent, à la démarche vive, à la parole brève et sentencieuse.

Quoiqu'il dût être riche, il menait pauvre train, n'ayant qu'un serviteur, pas de femme ni d'enfants.

Vêtu avec une simplicité exagérée, dont il tirait vanité, il ne faisait de visites que celles qu'exigeait sa profession; il exceptait seulement Paul Ranieri.

Lucia le rencontrait de temps à autre chez le Gibelin, et plusieurs fois il lui parla du roi Enzio, disant nettement qu'il était à souhaiter, pour le bonheur de Bologne, que l'alliance dont on parlait se conclût.

Il se plaisait à faire l'éloge du jeune prince, dont la gloire, prétendait-il, surpasserait celle de son père et de ses aïeux.

Au mois de février, Enzio était encore à Parme. De nombreuses lettres s'étaient échangées entre lui et l'astrologue.

Paul Ranieri et Marco Ventagoli avaient été initiés aux questions traitées entre le prince et Barrettone. Il s'agissait uniquement de la réalisation du plan d'Enzio, consistant à retirer Bologne de la ligue lombarde.

Le printemps allait commencer. Des mouvements politiques se préparaient dans la Péninsule ; l'Allemagne, la Sicile, Guelfes et Gibelins, sur leurs gardes, se fortifiaient à l'envi.

Au premier cri de guerre, Guido, à la tête d'un corps de troupes, devait courir à l'aide des villes libres menacées.

La situation se tendait de jour en jour, et un conflit devenait imminent. On annonçait que Frédéric était prêt à franchir les Alpes pour attaquer Lyon, s'emparer du pape, et revenir en toute hâte ruiner l'indépendance des républiques italiennes.

Enzio s'efforçait, mais en vain, de faire prévaloir à Bologne, par ses affidés, l'opinion que son père n'avait que des intentions pacifiques; le jeune roi résolut donc d'en appeler à la dernière ressource qu'il tenait en réserve.

Un jour, quatre cavaliers brillamment équipés entrèrent dans la ville, et se dirigèrent vers le palais de Felippo Ugoni.

Arrivés devant la demeure de l'ancien podestat, ils demandèrent à être admis auprès de lui.

Felippo, en ce moment, était au milieu de sa famille; Guido, Silvia, Lucia, Madonna Francesca l'entouraient.

Ottone Visconti, le nouveau magistrat de la république, était présent.

Ugoni donna l'ordre d'introduire les visiteurs, qui avaient mis pied à terre dans la cour du palais.

Jeunes tous les quatre, beaux et fiers, ils portaient un costume magnifique.

Quand ils parurent dans la grande salle, Felippo alla courtoisement au-devant d'eux, et leur demanda s'ils désiraient l'entretenir en particulier.

« Non, répondit l'un d'eux, bien qu'il s'agisse d'une affaire très-grave. Vous êtes en famille, je suppose?

— Il y a ici ma femme, mes enfants et le podestat de Bologne.

— A merveille : je puis parler. »

Et, saluant avec grâce les assistants, il ouvrit la bouche pour exposer le sujet qui l'amenait avec ses compagnons.

Ugoni invita les quatre cavaliers à s'asseoir; mais celui qui paraissait être leur chef refusa poliment, et s'exprima en ces termes :

« Messire, nous venons au nom du roi Enzio, notre maître... »

A ces mots, l'étonnement se peignit sur tous les visages, et l'envoyé, qui s'en aperçut, éprouva quelque hésitation.

« Continuez, fit Ugoni; que nous veut le prince?

— Il désire effacer les anciens dissentiments entre l'illustre cité de Bologne et l'Empereur..

— Cela sera difficile.

— Dans ce but, il ne reculera devant aucune concession ni aucune garantie. Messire, pour prévenir le renouvellement des vieilles querelles, le roi Enzio sollicite la main de votre noble fille Madonna Lucia. »

Malgré les rumeurs répandues à Bologne depuis quelque temps au sujet de cette alliance, Felippo

Ugoni et Guido demeurèrent stupéfaits. Leurs regards se portèrent instinctivement sur Lucia.

La jeune fille, rayonnante de joie, souriait à côté de sa mère ; jamais elle n'avait paru si belle.

Felippo, revenu de sa surprise, répliqua d'une voix troublée :

« Le prince nous propose là une chose impossible.

— Pourquoi ?

— D'abord votre maître, comme complice de Frédéric, est chargé des liens de l'anathème.

— L'Empereur se dispose à partir pour Lyon, et il espère que le pontife révoquera la sentence.

— De plus, ajouta Ugoni, la république me blâmerait si j'acceptais pour ma fille une pareille union.

— N'est-elle pas des plus honorables ?

— Elle l'est trop pour nous.

— Madonna Lucia est digne d'une couronne : elle sera reine, si vous le voulez.

— Une fille de Bologne doit préférer au trône l'intérêt de la cité où elle a vu le jour.

— Aussi est-ce dans l'intérêt de votre ville que le roi souhaite d'obtenir la main de Madonna Lucia. Devenu membre de votre glorieuse famille, il sera le protecteur le plus zélé de Bologne.

— La république n'a besoin, pour la protéger, que du bras de ses citoyens.

— Ainsi vous refusez, Messire ?

— Je refuse.

— Me permettrez-vous de m'adresser à Madonna Lucia ?

— Ma fille n'ira pas à l'encontre de mes volontés : elle ne consentira pas. »

Lucia rougit; ses lèvres tremblaient. Elle prit la parole, et répondit :

« Pardon, mon père, je consens. »

Une telle hardiesse en un semblable moment consterna Madonna Francesca et Silvia.

Les envoyés d'Enzio ne purent réprimer un mouvement de satisfaction.

Le podestat et Guido regardèrent la jeune fille avec indignation.

Quant à Felippo Ugoni, dont les yeux étincelaient, il reprit d'une voix lente et sévère :

« Je commande seul ici, dans ma maison : je persiste à repousser l'alliance de l'ennemi de l'Église et de nos libertés.

— Et moi, ajouta Ottone Visconti, je vous ordonne, députés d'Enzio, de sortir immédiatement de Bologne et de notre territoire. Que Guido, mon lieutenant, se charge de vous escorter jusqu'à la frontière. Dites à votre maître que je ferai emprisonner quiconque d'entre les siens osera s'aventurer dans le pays. »

Les quatre cavaliers n'avaient plus qu'à se retirer. Ils sortirent de la salle en silence, et regagnèrent la cour.

Guido les suivit, appela quelques serviteurs de son père, fit amener des chevaux, et, avec ce cortége, accompagna les députés du prince. Il les reconduisit ainsi jusqu'aux limites de la république, et ne rentra que le lendemain.

Lucia, irritée, s'enferma dans son appartement, et resta deux jours sans reparaître dans sa famille.

Quand elle revit Paul Ranieri, elle lui raconta ce qui s'était passé, et exhala toute sa douleur devant le vieux Gibelin.

Ranieri, déjà informé de l'événement, eut pour Lucia des paroles consolantes.

« Tout n'est pas perdu, lui dit-il : nos amis sont puissants, habiles et capables de briser tous les obstacles. Croyez-moi, la réalisation de vos espérances n'est pas différée pour longtemps. Attendez patiemment : nous emploierons d'autres moyens, et nous réussirons. »

Paul Ranieri ne s'expliqua pas davantage, et Lucia retourna chez son père avec l'espérance que les promesses du Gibelin s'accompliraient. Dans ses visites, elle était toujours accompagnée de Mathilde Trecati.

Le capitaine Arnaud, frère de la caméristé, n'avait pas quitté son poste au palais du podestat. Fidèle à sa parole, il avait refusé de se prêter aux fantaisies dangereuses de Lucia.

Matteo, tout en résidant avec Guido, suivait d'un œil vigilant les démarches de la sœur de son maître. Il jouissait maintenant d'une liberté entière; car il n'était plus obligé de jouer son rôle de bouffon.

Il visitait assez souvent son frère, à la tour du Mathématicien, et tous deux se communiquaient ce qu'ils savaient : le nain racontant les entrevues de Lucia et de Ranieri; le serviteur de Barrettone révélant les intrigues poursuivies par l'astrologue et ses nombreuses relations avec Ventagoli et Ranieri.

Souvent aussi, jusqu'à la demande de mariage

de Lucia, des émissaires envoyés par Enzio arrivaient de nuit à la tour, où ils se rencontraient parfois soit avec le médecin, soit avec le vieux Gibelin.

Trois jours après le refus de Felippo Ugoni d'accorder la main de sa fille au jeune roi de Sardaigne, Paul Ranieri et Marco Ventagoli sortaient, le soir, furtivement de Bologne.

Le ciel était sombre, chargé de nuages, et le vent soufflait avec force.

Ces deux hommes, enveloppés dans leurs manteaux, marchaient d'un pas rapide, en silence. Ils prirent le chemin de la tour.

Une ombre, une sorte de fantôme les suivait de près.

Plusieurs fois le médecin se retourna, croyant entendre quelque bruit.

« Qu'y a-t-il? lui demanda à la fin son compagnon?

— J'ai cru entendre quelqu'un s'avancer sur nos traces.

— C'est le vent qui siffle dans les oliviers. »

Au moment d'atteindre la palissade qui enceignait la tour, Marco Ventagoli s'arrêta, fit volte-face, et inspecta longuement le sentier par où il était venu.

« Il n'y a personne? fit Ranieri.

— Non. Pourtant il m'avait semblé entendre rouler une pierre sur le chemin.

— C'est une illusion. Qui pourrait nous épier?

— Par le temps qui court, on ne saurait trop se défier, » répondit le médecin.

Mais, ne remarquant rien de suspect, il frappa légèrement avec le marteau de cuivre.

Le serviteur de Barretlone vint ouvrir, et, reconnaissant les visiteurs, il les introduisit dans l'enceinte.

A peine avaient-ils mis le pied sur le seuil de la tour, qu'un frottement singulier se produisit sur une des planches de la palissade.

« Qu'est-ce? demanda Marco Ventagoli, dont l'oreille subtile avait saisi le bruit.

— Une branche de ronce qui bat contre la clôture, » répliqua le valet en prenant sa lanterne déposée à terre, près de sa loge.

Et il monta les degrés, précédant Ranieri et le médecin.

Dès que les visiteurs furent arrivés au premier étage, où se tenait l'astrologue, le vieillard redescendit en toute hâte, courut à la porte de la palissade, et l'ouvrit sans adresser une seule question.

Une forme chétive se glissa par l'ouverture que le serviteur referma, et une voix demanda tout bas:

« Ils sont entrés, Timoteo?

— Oui.

— Remonte bien vite, et tâche d'entendre ce qu'ils diront. »

Timoteo voulut l'interroger à son tour ; mais son interlocuteur l'interrompit :

« Ne perds pas de temps, recommanda-t-il; je crois qu'ils traiteront de choses graves. Va donc; je t'attendrai dans ta loge. »

Le serviteur n'insista plus, et remonta vivement l'escalier avec sa lanterne.

L'inconnu entra dans la tour, et alla s'installer

dans la loge obscure de Timoteo. Il semblait connaître parfaitement les lieux.

Au bout d'une heure, Marco Ventagoli et Paul Ranieri descendirent, précédés de Timoteo, qui les conduisit jusqu'à la palissade, et referma la porte sur eux quand ils furent partis.

Il prêta l'oreille un instant, et, les ayant entendus s'éloigner, il retourna lentement dans la tour, laissa la porte entr'ouverte, et se dirigea vers la loge.

Elle était petite, mais confortablement meublée, avec une fenêtre étroite, garnie de barreaux de fer, ouvrant au midi, et qu'un volet de chêne fermait, le soir, à l'intérieur.

Timoteo entra, et les rayons de sa lanterne éclairèrent une figure que nous connaissons, celle de Matteo, perdu dans un vaste fauteuil.

Le serviteur de l'astrologue, ayant placé la lumière sur un escabeau de bois, s'assit auprès du nain.

« Eh bien! frère? demanda celui-ci à voix basse.

— Tu as eu raison de venir.

— Je le pressentais.

— Les misérables complotent une scélératesse.

— Tu as surpris leur conversation?

— Oui, tout entière.

— Qu'as-tu entendu?

— Ranieri a raconté l'échec subi par les envoyés d'Enzio, relativement à la demande en mariage de Lucia, et ils sont furieux. »

Matteo eut un ricanement silencieux.

« Mais ils ne se tiennent pas pour battus. ils songent à prendre leur revanche de cette déception.

— Je voudrais bien savoir comment?

— Écoute, et je vais te le dire. Ils regardent Felippo Ugoni et Guido comme les principaux obstacles à leurs projets.

— Et ils ont raison.

— Or, ces obstacles, ils sont déterminés à les supprimer.

— De quelle manière ?

— En immolant le père et le fils.

— On ne tue pas comme cela, en pleine ville, deux personnages de cette importance.

— Non ; mais il y a le poison.

— C'est vrai : Marco Ventagoli est médecin...

— Et c'est lui qui se charge de l'affaire.

— Ils pensent qu'après cela Enzio obtiendra facilement la main de Lucia?

— Telle est leur opinion.

— Alors il faut dénoncer ces deux hommes, ou les empêcher d'accomplir leur dessein criminel.

— Il vaut mieux les en empêcher; car sur quelles bases appuyer une accusation? »

Matteo se prit à réfléchir.

Son frère lui dit au bout de quelques minutes :

« A quoi penses-tu ?

— Je cherche comment je pourrai sauvegarder la vie de mes maîtres.

— Et tu ne trouves pas? je te croyais plus avisé. »

Le nain rit encore de son rire silencieux ; ses prunelles brillaient au fond de leurs orbites, et semblaient darder des étincelles.

« J'ai une idée, fit-il avec vivacité.

— Laquelle? demanda Timoteo.

— Qui composera le poison ?

— Marco Ventagoli, naturellement.

— Tant pis ! j'eusse préféré qu'il fût fabriqué dans l'officine de ton patron.

— Pourquoi ?

— Parce que cela eût facilité ma besogne. C'est également Marco qui l'administrera ?

— Lui seul peut le faire, à moins qu'il ne réussisse à acheter quelque serviteur de Felippo ou de Guido.

— Quant à cela, je suis tranquille : il n'y aura de trahison ni chez le père ni chez le fils. Mais il lui faudra un prétexte.

— Évidemment. Marco Ventagoli n'est-il pas le médecin de Felippo et de Guido ?

— Sans doute.

— Eh bien, il profitera d'une indisposition quelconque pour opérer.

— En ce cas, il aura prochainement l'occasion de tenter le coup.

— Qui sait ?

— Je la ferai naître.

— Là-dessus, je m'en rapporte à toi : à chacun sa tâche. La mienne est de veiller ici sur le coquin de là-haut ; la tienne est de protéger tes maîtres contre les scélérats qui veulent les assassiner. Bien que nous ne soyons pas nés à Bologne, nous devons de la reconnaissance à cette ville, qui nous a accueillis après la mort funeste de notre père, et qui n'a jamais souffert dans ses murs l'autorité du tyran.

— Bologne est pour nous une seconde patrie, ajouta le nain. Pour moi, qui ne suis qu'un avorton et que la nature a si maltraité, j'ai vécu en paix dans la maison de Felippo Ugoni. Guido, son fils, ne dédaigne pas de me consulter, et en toute circonstance il me parle comme à un ami. Je donnerais volontiers mon sang pour ce noble jeune homme et pour les siens.

— Je n'en dirai pas autant du maître que je sers, répliqua Timoteo. Je me suis attaché à lui parce que je le croyais sincèrement dévoué à l'Église, à la liberté; mais j'ai constaté le contraire en ces dernières années. Il m'a trompé, je ne lui dois plus rien, ou plutôt j'ai l'obligation de le surveiller pour qu'il ne fasse pas de mal à notre nouvelle patrie.

« Quoique j'habite avec lui depuis dix ans, il ne me connaît pas encore, et me prend pour une intelligence bornée, un homme incapable de rien comprendre à ses manœuvres. Lui qui prétend lire dans les astres ne sait pas même lire sur le visage de ceux qui l'entourent.

— Il ne devine pas, par exemple, que tu es en société à cette heure, fit Matteo en riant.

— Je me garderai bien de le lui apprendre; il ignore même que j'ai un frère.

— Je crains que Marco Ventagoli n'ait des soupçons sur notre parenté.

— Il t'a vu?

— Plusieurs fois. Dernièrement, dans une visite à Guido, il m'examina longuement, à tel point que l'impatience me prit, et je finis par m'esquiver pour échapper à cette investigation déplaisante. Je pense que Madonna Lucia lui a parlé de moi, et ce n'a pas été, assurément, pour faire mon éloge.

— Peut-être s'est-il aperçu de la ressemblance qui existe entre nous.

— Au fait, peu nous importe ; soyons prudents, et tâchons de mettre ces misérables dans l'impuissance de nuire. Rappelons-nous que notre père s'est perdu par sa témérité, et nous éviterons son malheureux sort en suivant une autre voie.

— Il fut un modèle d'honneur et de probité, déclara Timoteo en essuyant une larme.

— Oui, et un brave guerrier.

— Il a péri pour avoir refusé d'outrager la religion et de profaner une église. C'était au début des querelles de Frédéric avec le pape Grégoire IX. Le tyran ayant manqué à son serment de partir pour la croisade, quarante mille pèlerins armés avaient quitté la terre sainte par sa faute.

« Alors le pontife réunit à Rome un grand nombre de prélats, et prononça solennellement l'excommunication contre Frédéric.

« Le prince, irrité, sévit contre les moines ; il ordonna à ses musulmans, et même à une troupe de soldats chrétiens, de dévaster plusieurs églises de Lombardie. Notre père était parmi ces derniers. Il déclara hautement qu'il obéirait à l'Empereur en toutes choses, excepté lorsque ses commandements seraient contraires à la religion ou à la justice.

« On l'arrêta aussitôt et on le jeta dans un affreux cachot, malgré les services qu'il avait rendus et le sang qu'il avait versé sur les champs de bataille pour les Hohenstaufen.

« Bientôt, après un jugement dérisoire, il fut condamné à la mort par le tyran. On le battit cruellement de verges, et on le pendit ignominieusement à un gibet.

« Nous étions alors l'un et l'autre à Milan avec notre mère. A la nouvelle de la terrible catastrophe, elle tomba malade de douleur, et expira dans nos bras, en nous recommandant de ne jamais servir l'ennemi de l'Église, le bourreau de notre père.

— Et nous avons obéi à ses dernières volontés. Après un séjour assez long à Milan, nous sommes venus ensemble à Bologne, où j'entrai chez Felippo Ugoni, et toi, frère, chez l'astrologue Barrettone, qui se disposait à s'enfermer dans cette tour. Nous avons bien fait de taire notre parenté.

— En effet, si mon maître l'eût connue, il se serait défié de moi. Il insiste souvent pour que je ne me lie avec personne de la ville. Cet homme, rempli d'orgueil, amasse à petit bruit des richesses considérables ; il vend ses consultations à des prix exorbitants.

— S'est-il donc enterré pour jamais dans cette tour ?

— Non : il attend qu'Enzio soit devenu le maître des Romagnes, espérant que le jeune roi fera de lui son principal ministre. Il aspire à jouer auprès du fils de Frédéric le rôle de Pierre des Vignes à la cour de l'ex-Empereur.

— Le chancelier du tyran n'est plus en faveur, dit-on, observa Matteo.

— Il est même en pleine disgrâce, affirma Timoteo, et il tremble pour sa liberté.

— Cependant il remplit toujours ses fonctions ?

— Oui ; mais Frédéric peut le frapper subitement, comme il fait ordinairement pour ses anciens favoris.

— Le crime de Pierre des Vignes est, paraît-il, de n'avoir point pris la défense de son maître au concile de Lyon, et d'avoir laissé peser entièrement ce fardeau sur Taddeo de Suessa.

— Du reste, dit Timoteo, Frédéric a l'habitude d'humilier ceux qu'il a élevés, et de leur enlever ce qu'il leur a donné. Il répète même volontiers, à ce propos, un axiome grossier : *Je n'engraisse jamais de porc*, déclare-t-il, *que je n'aie au moins un jambon.* »

Le serviteur de l'astrologue achevait ces mots, quand un coup de sonnette retentit dans sa loge.

« C'est mon patron qui m'appelle, dit-il à son frère. Attends-moi un instant. »

Timoteo prit sa lanterne et monta auprès de Barrettone, qu'il trouva dans la seconde salle.

« N'as-tu jamais rencontré dans Bologne, interrogea-t-il, un nommé Matteo, le bouffon de Felippo Ugoni ?

— On me l'a montré, il y a quelques mois, devant le palais du podestat.

— D'aucuns prétendent qu'il te ressemble beaucoup ; est-ce vrai ?

— Vous me faites peu d'honneur, maître, en supposant que ma figure peut être comparée à celle d'un pauvre fou.

— Ainsi, ce Matteo ne jouit pas de toute sa raison ?

— C'est l'opinion générale.

— Et tu ne lui as jamais parlé ?

— Dans quel but l'aurais-je fait ?

— Que sais-je? la curiosité...

— Vous me prenez pour une vieille femme, maître, ou pour un imbécile, fit Timoteo d'un air piqué.

— Allons, allons, dit l'astrologue qui tenait à ne point froisser l'amour-propre de son serviteur, histoire de plaisanter. Je désirais simplement t'inviter à observer le bouffon, lorsque tu irais à la ville : j'ai mes raisons pour cela, entends-tu?

— Ne peut-on les connaître, ces raisons?

— Parfaitement : Marco Ventagoli prétend que Matteo espionne quiconque visite Guido ou Felippo Ugoni. Or je voudrais savoir si le drôle est capable de ce métier.

— Vous serez prochainement renseigné à ce sujet, maître, répliqua Timoteo.

— Demain matin tu te rendras à Bologne, où tu remettras à Marco une poudre qu'il me faut préparer cette nuit.

« En sortant de chez le médecin, tu essaieras de voir Matteo, pour l'examiner de près.

— Soyez tranquille, maître, je remplirai de mon mieux la mission que vous me confiez. Est-ce tout?

— C'est tout. »

Timoteo redescendit, et raconta à son frère ce que l'astrologue lui avait dit.

« J'en étais sûr, murmura le nain : ces misérables ont des doutes à mon sujet; je les inquiète, semble-t-il, tout bouffon que je suis, et ils me guettent.

« Quant à cette poudre que tu dois porter, elle entrera probablement dans la composition du médicament qu'on veut donner à mes maîtres. Patience, l'attente ne sera pas longue.

— Tu as un plan arrêté?

— Oui, et que je ne tarderai pas à mettre à exécution.

— De quelle façon comptes-tu procéder?

— Je ne puis t'expliquer cela maintenant : la soirée avance, et il est temps que je rentre.

« Adieu, frère ; je te verrai demain?

— Tu seras au palais du podestat?

— Je ne sortirai pas de la journée. »

Matteo se leva, et son frère l'accompagna jusqu'à la palissade.

En vingt minutes le nain avait regagné la ville et rentrait chez Guido Ugoni.

VII

LE POISON.

Dans le temps même que cette trame odieuse se nouait à Bologne contre la vie de Felippo et de Guido Ugoni, la nouvelle que Frédéric se disposait à marcher sur Lyon franchit les Alpes et arriva jusqu'à la cour de France.

En apprenant la déloyauté du tyran, le roi Louis, ses trois frères, la reine Blanche, plusieurs barons du royaume s'empressèrent d'offrir au pape de se porter en personne sur l'Italie, avec toutes leurs forces, pour défendre l'Église et son chef.

Innocent IV accueillit avec joie ces propositions généreuses. Il écrivit au roi, à sa mère, à ses frères, les lettres les plus affectueuses pour les remercier de leur dévouement filial. Toutefois il les pria d'attendre de nouveaux avis avant de rien entreprendre; car il espérait encore que l'ennemi de l'Église reviendrait à de meilleurs sentiments.

Frédéric fut obligé, en effet, de renoncer à son expédition sur Lyon, mais non point par repentir ou par l'idée de revenir à résipiscence.

La veille du jour où Matteo visitait son frère à la tour du Mathématicien, Enzio, chassé de Parme par un soulèvement populaire, arrivait à Turin en toute hâte. La ville, abandonnant le parti du prince allemand, avait embrassé la cause de l'Église.

Frédéric, transporté de colère, ordonna immédiatement à ses troupes de prendre les armes et les dirigea sur Crémone, pour aller de là former le siége de la ville rebelle.

Cette dernière, avant de se soustraire à la domination du tyran, s'était assuré le concours de la ligue lombarde, et notamment celui de Bologne. Le sénat bolonais avait arrêté qu'un corps de troupes, sous la conduite de Guido Ugoni, marcherait au secours des Parmesans, si Frédéric venait les attaquer.

Ces événements, connus à Bologne le lendemain du jour où Marco Ventagoli et Paul Ranieri s'étaient rendus auprès de l'astrologue, déterminèrent les deux Gibelins à hâter le coup qu'ils méditaient.

Seulement ils cherchaient un prétexte, une occasion d'agir sans exciter les soupçons de Guido et de son père.

Ils avaient résolu de commencer par le premier, dont le départ de la ville pour secourir Parme eût dérangé leurs combinaisons.

Matteo se chargea de leur épargner le soin de faire naître l'occasion qu'ils désiraient.

Il vit son frère, comme il était convenu, et lui dit en le quittant :

« Peut-être y aura-t-il ici du nouveau avant vingt-quatre heures. Dans ce cas, il ne serait pas impossible que je te rendisse visite cette nuit même. Reste sur pied pour m'ouvrir, s'il en est besoin.

— Quel est ton dessein ? demanda Timoteo.

— Il est inutile que je m'explique en ce moment; sois sûr que j'agirai avec prudence. »

Timoteo s'éloigna. Il connaissait la sagacité de son frère, l'audace dont le nain était capable, et il rentra chez l'astrologue, persuadé que bientôt les dangers qui menaçaient l'ancien podestat et son fils seraient conjurés.

Vers le soir, à la tombée de la nuit, Matteo se présentait, haletant, effaré, au domicile de Marco Ventagoli.

Le médecin était chez lui.

Nous avons dit qu'il habitait, à l'écart, une maison isolée.

Elle était entourée d'un petit jardin, et située dans une rue étroite, obscure, solitaire.

Le nain, qui la connaissait, alla droit au cabinet de Marco.

Le médecin, assis auprès d'une table, préparait un médicament à la lueur d'une lampe.

Matteo, qui était entré sans frapper ni se faire annoncer, avait refermé la porte sur lui et s'était avancé vivement jusqu'à la table.

Marco Ventagoli, levant les yeux, tressaillit à la vue de son étrange visiteur.

« Que désires-tu? lui demanda-t-il brusquement.

— Docteur, répondit le nain d'une voix émue, accourez vite, mon maître est très-malade.

— Ton maître? fit Marco...

— Oui, mon maître, Guido Ugoni. J'ai l'ordre de vous conduire à l'instant au palais du podestat, car c'est là que vous le trouverez.

— Qu'a-t-il donc? s'enquit le médecin avec un mouvement de satisfaction qui n'échappa point à Matteo.

— Il a été pris subitement d'affreuses coliques. »

Marco Ventagoli réfléchit quelques instants, puis il répliqua :

« Je sais ce qu'il lui faut. Attends-moi ici un moment, que je prépare le remède. »

Il passa dans une pièce voisine, et revint bientôt avec un flacon rempli d'un liquide rose très-limpide.

Le nain et le médecin sortirent immédiatement.

A peine étaient-ils dans la rue, qu'un homme parut tout à coup devant eux et se jeta sur Marco Ventagoli.

« Ne crie pas, misérable empoisonneur, lui murmura-t-il à l'oreille, n'essaie pas d'échapper, ou je te tue comme un chien. Je suis le capitaine Arnaud Trecati, et je t'arrête. »

C'était, en effet, le brave guerrier, que Matteo avait prié de l'accompagner, en lui révélant les projets infâmes des Gibelins.

Ventagoli dégagea vivement l'une de ses mains,

parvint à saisir le flacon, le porta rapidement à ses lèvres, et tomba roide mort.

Le nain, voyant ce mouvement, s'était élancé pour l'empêcher, mais inutilement. Toutefois, conservant toute sa présence d'esprit, il s'empara du flacon encore à moitié plein, et constata que le médecin ne vivait plus.

Le capitaine et Matteo se consultèrent. Il fut décidé qu'Arnaud Trecati transporterait le cadavre au palais du podestat, pour l'enquête à intervenir, et que le nain informerait Guido de ce qui s'était passé.

Le capitaine chargea sur ses épaules le corps de Marco Ventagoli, et se dirigea avec Matteo vers la demeure du premier magistrat de la république.

Le nain monta précipitamment à l'appartement de son maître.

Le jeune homme était avec sa femme, et tous deux s'entretenaient des événements de Parme.

Matteo, pâle et hors d'haleine, pria Guido de lui accorder un instant, afin de lui parler en particulier.

Guido sortit aussitôt, et emmena le nain dans un cabinet voisin.

« Eh bien! qu'y a-t-il de nouveau? s'enquit le fils de Felippo Ugoni.

— Voyez ce flacon, fit Matteo en montrant le liquide qu'il avait retiré des mains de Ventagoli.

— Qu'est-ce que cela signifie? » reprit Guido étonné des allures de Matteo.

Il y avait dans un coin du cabinet une espèce de cage où le bouffon nourrissait un lapin blanc, et, sur l'appui de la fenêtre, un verre.

Le nain, au lieu de répondre, prit le verre rempli d'eau à moitié, versa dedans une goutte du liquide contenu dans le flacon, puis, s'emparant du lapin, il lui fit avaler ce mélange.

L'animal tomba, foudroyé, sans même s'être débattu.

« Comprenez-vous, maître ? demanda Matteo.

— Tu as empoisonné cette pauvre bête.

— Eh bien, cette potion vous était destinée.

— A moi ?

— Oui, à vous-même. »

Alors le nain expliqua à Guido le projet formé par Marco Ventagoli, sous quel prétexte il avait provoqué le médecin à l'exécuter le soir même, et comment ce dernier s'était soustrait au châtiment de son crime.

Le jeune homme ne pouvant croire à un aussi noir complot; il fallut que Matteo lui donnât les détails les plus explicites.

Quand il eut tout appris, frémissant du danger que son père et lui avaient couru, il se rendit chez le podestat, pour lui raconter cette odieuse intrigue.

Une heure plus tard, Paul Ranieri était arrêté et jeté dans la prison de Bologne.

De plus, Ottone Visconti donna l'ordre de surveiller jour et nuit la tour du Mathématicien.

Le lendemain, le bruit du complot se répandit dans la ville, où il excita une agitation extraordinaire. La foule, exaspérée et non contente de la mort de Marco Ventagoli, voulait se porter sur la demeure de l'astrologue; mais on lui fit entendre que la complicité de cet homme n'était pas bien prouvée, et que, du reste, Barrettone était sous la juridiction de l'université.

Lucia, refusant de croire à la culpabilité de ses amis, accusa le nain d'être l'auteur de cette machination. Elle déclara que, si jamais il reparaissait en sa présence, elle en ferait justice.

En vain Guido lui démontra que les preuves étaient palpables ; elle ne voulut rien entendre. A la fin, le jeune homme, irrité d'une telle obstination, lui dit :

« En vérité, ton attitude ferait croire à ta complicité avec les scélérats qui ont failli empoisonner ton père et ton frère. »

Un amer sourire erra sur les lèvres blêmes de la jeune fille, et elle répliqua :

« Pourquoi ne pas ajouter tout de suite qu'on m'a surprise la main dans le crime ? Fais-moi conduire aussi en prison, et que les juges ordonnent mon supplice. Ne crains rien : je ne daignerai pas même me défendre. »

Guido, qui aimait sincèrement sa sœur, garda le silence et s'éloigna profondément attristé.

A dater de ce jour, Lucia se renferma dans son appartement, et ne consentit plus à voir qui que ce fût, excepté son père, sa mère, et quelquefois Silvia, dont la tendresse dévouée ne savait point se rebuter.

Une semaine ne s'était pas écoulée depuis la mort misérable de Marco Ventagoli, qu'on annonça l'arrivée à Crémone de Frédéric et d'une partie de ses troupes.

L'ex-Empereur devait s'arrêter quelque temps dans cette ville pour attendre le reste de son armée. Mille Parmesans étaient détenus dans les prisons de la place; il ordonna de resserrer leur captivité, jurant qu'il montrerait bientôt à leurs compatriotes ce qu'il en coûtait de se révolter contre lui.

Guido ne tarda pas à partir pour Parme, à la tête de deux mille Bolonais.

Matteo l'accompagnait.

VIII

LA COURONNE IMPÉRIALE.

Déjà une activité immense régnait dans la ville de Parme, à l'arrivée des Bolonais. Les citoyens se préparaient avec ardeur à soutenir le siége, jurant de mourir plutôt que de se rendre à l'ennemi de l'Église.

Les femmes elles-mêmes prenaient part à ces travaux guerriers; les unes apprêtaient des bandages pour les blessures, les autres s'occupaient des munitions.

Tous comprenaient que la ruine du tyran dépendait de la résistance de Parme; car si Frédéric ne réussissait pas à remettre la ville sous sa domination, il ne pouvait plus communiquer que difficilement de la haute Italie avec le midi de la Péninsule.

Peu de jours après l'entrée des Bolonais dans la place, l'armée de l'ex-Empereur parut devant les murailles de Parme, et commença les préparatifs du siége.

Nous avons dit que les prisons de Crémone renfermaient mille Parmesans. Le tyran les avait amenés avec lui, enchaînés.

Le lendemain même de son arrivée, et tout en ordonnant les travaux de campement, le tyran envoya deux députés à Parme, avec mission de sommer la ville de rentrer dans l'obéissance.

« Nous avons reconquis notre liberté, répondirent les magistrats, et nous la garderons au prix de tous les sacrifices. D'ailleurs, Frédéric eût-il été notre maître légitime, que nous serions aujourd'hui relevés de notre serment par la sentence du pontife.

— Prenez garde, insistèrent les députés : l'Empereur tient dans ses mains la vie de mille citoyens de Parme.

— Il ne sera point assez barbare, nous l'espérons, pour frapper des hommes qui n'ont pas combattu contre lui.

— Il le fera cependant. Chaque jour plusieurs captifs périront, jusqu'à ce que vous ayez renoncé à toute résistance. »

Les magistrats de Parme, interprétant le sentiment unanime de leurs concitoyens, refusèrent de céder.

A peine les envoyés de Frédéric étaient-ils de retour au camp, que l'ex-Empereur ordonna de conduire entre ses retranchements et la ville quatre prisonniers parmesans, deux gentilshommes et deux bourgeois, et de leur trancher la tête à la vue des assiégés.

Ce commandement cruel fut exécuté ponctuellement. Les quatre prisonniers furent menés hors du camp par une troupe de soldats. On proclama, au son de la trompette, la résolution prise par le prince de renouveler chaque jour cette scène sanglante, jusqu'à ce que Parme eût ouvert ses portes.

Puis le bourreau s'approcha des condamnés, et leurs têtes roulèrent sous la hache.

Le jour suivant, deux autres prisonniers furent encore décapités tout près de la place.

Les soldats musulmans étaient chargés d'escorter les victimes.

Les mille Parmesans qui étaient au pouvoir de Frédéric auraient probablement subi le même sort; mais il se trouva, dans le camp de l'ex-Empereur, des soldats que sa conduite révolta. Ils appartenaient à la ville de Pavie.

Leur chef s'adressa, en leur nom, à Frédéric, et le supplia de leur accorder la vie des prisonniers parmesans.

Comme le tyran refusait, le capitaine de Pavie ajouta :

« Nous sommes venus, seigneur, pour combattre les Parmesans, mais armés et sur le champ de bataille, non pour être leurs bourreaux. Si les supplices devaient continuer, nous nous abstiendrions de prendre part à une guerre barbare. »

L'ex-Empereur n'osa rejeter cette remontrance; car il avait besoin de toutes ses forces. Il promit donc de ne plus faire périr de prisonniers parmesans.

Mais les malheureux ne gagnèrent rien à cette

indulgence forcée; ils moururent presque tous dans les prisons, par l'infection et la terreur. Leurs parents, qui connaissaient leur affreuse situation, se réjouissaient de leur mort comme d'une délivrance.

Frédéric trouva plus de résistance qu'il ne s'y attendait de la part des assiégés. Prévoyant qu'il ne pourrait réduire la place avant l'hiver, il ordonna de construire, pour lui servir de camp durant la mauvaise saison, une ville nouvelle qu'il appela Vittoria.

Les soldats musulmans, lancés dans la campagne, démolissaient toutes les maisons des bourgs et villages, et transportaient les matériaux à Vittoria.

Dans sa fureur insensée, le tyran se proposait, après la prise de Parme, de transporter tous les habitants dans la cité nouvelle.

Les Parmesans ne se faisaient aucune illusion sur le sort qui les attendait au cas où Frédéric triompherait. Aussi, encouragés par le légat du pape en Lombardie, Grégoire de Montelongo, et par Guido Ugoni, ils s'affermirent dans la résolution de périr plutôt que de se rendre.

Mais, combattant pour une cause sainte, celle de l'Église et de l'indépendance, ils invoquèrent la protection divine par des prières publiques, consacrèrent à la Vierge Marie leur ville menacée, et puisèrent dans cet acte religieux un courage plus héroïque encore.

Quant à l'ex-Empereur, il semblait prendre à tâche d'attirer sur sa tête, par des crimes répétés, les vengeances du Ciel.

Il avait emprisonné l'évêque d'Arezzo, Marcellini Peta, au château de Plamien. Ce prélat, issu d'une famille très-noble d'Ancône, était plus illustre encore par son dévouement à la cause de l'Église.

A ce dernier titre, il devait être odieux à Frédéric, qui l'avait toujours trouvé inflexible dans sa fidélité au souverain pontife.

L'hiver était arrivé sans que le siége de Parme eût fait de notables progrès. Le tyran, que la prolongation de la lutte exaspérait de plus en plus, multipliait les victimes.

Bientôt il résolut la mort de l'évêque d'Arezzo, et envoya des satellites pour exécuter l'inique sentence.

Arrivés au château où le prélat était captif, ils lui annoncèrent qu'il fallait mourir, à moins qu'il ne consentît à satisfaire l'Empereur.

« Qu'exige-t-il de moi? demanda Marcellini.

— Deux choses seulement, qu'il vous est facile d'accorder.

— Lesquelles ?

— Pour obtenir votre pardon, il vous suffira d'excommunier publiquement le pape, les cardinaux et les évêques en communion avec Innocent; puis vous prêterez serment de fidélité à l'Empereur.

— Et à ce prix j'obtiendrai la vie? dit l'évêque avec calme.

— Non-seulement la vie, mais encore de grandes richesses.

— Eh bien, je préfère la mort au crime que vous me proposez. J'ai, plusieurs fois déjà, excommunié Frédéric et ses partisans; à cette heure, je renouvelle contre lui l'anathème.

— Alors, préparez-vous au supplice, » lui dirent les envoyés du tyran.

Marcellini fit appeler des frères mineurs, et reçut les sacrements de l'Église.

Au pied de la forteresse s'ouvrait un précipice rempli d'eau. L'évêque crut d'abord que ses bourreaux voulaient le jeter dans ce gouffre, mais il ne tarda pas à apprendre que Frédéric l'avait condamné au supplice ignominieux du gibet.

Alors, rempli de joie d'obtenir la gloire d'un martyre éclatant, il chanta le *Te Deum* et le *Gloria in excelsis.*

Ensuite il sollicita comme une faveur d'être traîné à la potence dans l'état où le Sauveur fut attaché à la croix ; mais comme les femmes et les enfants pleuraient autour de lui, on ne lui permit point de se dépouiller de tous ses vêtements.

Les musulmans, qui remplissaient l'office de bourreaux, lui lièrent les pieds et les mains, lui bandèrent les yeux et l'attachèrent par la tête à la queue d'un cheval.

Cependant, malgré les coups d'éperons, on ne put faire avancer l'animal d'un pas, jusqu'à ce que l'évêque martyr eût terminé les psaumes et l'oraison qu'il avait commencés, et donné le signal du départ.

Tandis qu'on le conduisait comme un vil criminel aux fourches patibulaires, il confessait publiquement ses fautes aux moines qui l'assistaient, pardonnant de bon cœur à tous ses ennemis, et souffrant avec patience les maux qu'ils lui infligeaient.

Le corps de l'évêque martyrisé demeura trois jours suspendu au gibet. Au bout de ce temps, les frères mineurs l'ayant dérobé et enseveli, les satellites de Frédéric le déterrèrent, le traînèrent dans la boue et le remirent à la potence. Il fallut une autorisation expresse du tyran pour l'inhumer de nouveau.

Les soldats musulmans déchaînaient leur fureur sur les objets les plus saints du culte chrétien, sans que Frédéric s'y opposât.

Un jour, ils attachèrent à la queue d'une bête de somme les images du Crucifié, de la Vierge et d'autres saints. Puis, ayant rompu les bras et les jambes du crucifix, ils les fixèrent, ainsi que les autres images, sur leurs boucliers, afin que, dans le combat, les soldats de Parme fussent exposés à percer de leurs traits ou de leurs flèches ces emblèmes sacrés.

Les assiégés, révoltés par ces actes sacriléges, n'en conçurent que plus d'ardeur à se défendre. Avec de tels ennemis, la foi était en cause autant que la liberté.

Pendant que ces événements se passaient devant les murs de Parme, des faits d'un autre genre s'accomplissaient à Bologne.

L'astrologue, ayant appris la mort du médecin Marco Ventagoli et l'emprisonnement de Paul Ranieri, avait essayé de fuir ; mais, par les soins du podestat, la tour était surveillée si étroitement que Barrettone ne put s'échapper.

Bien plus, les magistrats entamèrent le procès de Ranieri, qui fut convaincu d'avoir noué des intelligences coupables avec les Gibelins. La loi punissait de mort ce crime.

Toutefois les juges offrirent au coupable une commutation de peine, à la condition qu'il dénoncerait ses complices.

Après quelque résistance, Paul Ranieri accusa l'astrologue.

Sur la demande du podestat, le recteur de l'université autorisa l'arrestation de Barrettone.

Amené dans la ville, et traduit à son tour devant le tribunal, il protesta obstinément de son innocence.

On le confronta avec Ranieri, et il continua de nier.

Enfin l'on invoqua le témoignage de Timoteo, le frère de Matteo.

Barrettone, accablé par les révélations de son serviteur, entra dans la voie des aveux, suppliant seulement qu'on lui fît grâce de la vie.

On lui accorda plus qu'il ne demandait : on le condamna seulement, avec son complice, à rester en prison jusqu'à la cessation de la guerre ; mais ses trésors furent confisqués au profit de la république et de l'université.

Timoteo passa au service d'Ottone Visconti.

Lucia, désormais, ne pouvait plus douter du complot ourdi contre les jours de son père et de son frère. Les aveux de Barrettone et de Ranieri, confirmés par le témoignage de Timoteo, ne lui permettaient pas de conserver la moindre illusion sur cette triste affaire.

Nul, dans sa famille, ne tenta d'aggraver l'humiliation déjà si profonde de la jeune fille ; elle fut touchée de la réserve dont ses parents usèrent à son égard, et en particulier des marques d'affection que lui prodigua Silvia. Sa nature altière s'adoucit, et, tout en conservant ses orgueilleuses aspirations, elle se montra moins ardente pour la cause des Gibelins.

Toutefois la prédiction de l'astrologue restait toujours gravée dans son souvenir : malgré les preuves manifestes de la perfidie de Barrettone, elle ne pouvait se résoudre à croire que le vieillard l'eût trompée. Elle espérait encore que ses promesses se réaliseraient, et ces paroles retentissaient souvent à son oreille : « Lucia, tu seras reine! » Ces mots magiques, elle ne se résignait point à les bannir de sa mémoire.

La fille de Felippo Ugoni se nourrissait de ce rêve d'une couronne, et l'image d'Enzio passait et repassait dans son esprit.

Elle voyait de temps à autre Timoteo chez le podestat. L'ancien serviteur de l'astrologue, sachant l'antipathie de Lucia pour Matteo, évitait autant que possible sa présence, afin de ne point l'offusquer.

Mais bientôt la jeune fille rechercha Timoteo, qui s'en aperçut. Il dissimula, feignant de ne rien voir.

Lucia, ayant un jour réussi à le joindre seul, lui dit :

« Timoteo, je voudrais te parler.

— Je vous écoute, Madonna, répliqua-t-il avec déférence.

— Tu as été longtemps au service de l'astrologue Barrettone?

— Environ dix ans.

— Que penses-tu de ce vieillard ?

— C'est un savant homme.

— Le crois-tu capable de lire dans l'avenir ? »

Timoteo s'attendait à cette question, et il s'était préparé à y répondre.

« Quant à cela, dit-il, je ferai une distinction.

— Alors tu as confiance ?

— Oui et non.

— Avoue que de pareils renseignements ne sont pas très-clairs, reprit Lucia avec une certaine impatience.

— Permettez, Madonna, que je m'explique, et vous me comprendrez parfaitement.

— J'attends.

— En ce qui concerne l'avenir, Barrettone peut prédire sûrement certaines choses.

— Lesquelles, par exemple ?

— Les éclipses du soleil, les événements qui se déduisent rigoureusement, pour un homme de son expérience, de causes précises déjà existantes.

— Je sais cela. Mais la destinée de ceux qui le consultent, est-il capable de la dévoiler ?

— Non, pas plus que vous ni moi.

— Pourtant il m'a reconnue quand je l'ai visité.

— Rien de plus facile.

— Il ne m'avait jamais vue.

— Mais moi, je vous avais rencontrée... Comprenez-vous ?

— Cependant tu ne lui as pas parlé en ma présence.

— Il est vrai ; mais le capitaine Arnaud Trecati

avait annoncé, un mois à l'avance, la venue de deux dames...

— Il m'avait nommée?

— Aucunement. Mais j'avais deviné. Avant d'introduire le capitaine, j'avais informé mon maître.

— Et si tu t'étais trompé?

— J'aurais averti l'astrologue. Mon silence, en vous présentant, confirmait mes conjectures, et cela suffisait à Barretione. De plus, j'avais obtenu quelques renseignements de... Matteo.

— Oui, c'est bien cela, fit Lucia, non sans un reste de dépit, en se rappelant les manœuvres du nain.

— Vous voyez donc, Madonna, que l'astrologue n'avait pas besoin d'être prophète pour vous désigner par votre nom.

— Soit; mais il m'a prédit une chose singulière.

— Que vous a-t-il annoncé?

— « Lucia, tu seras reine! » m'a-t-il dit.

Timoteo évita d'apprendre à la jeune fille qu'il avait entendu l'oracle.

Il se mit à sourire.

« Mon ancien maître se plaisait, paraît-il, à ces prédictions pompeuses.

— En a-t-il donc fait à d'autres de semblables?

— Assurément, et plus d'une fois.

— Et à qui?

— A mon frère.

— A Matteo?

— A lui-même.

— Tu veux plaisanter?

— Dieu me garde, Madonna, de vous manquer de respect à ce point !

— Ainsi, reprit Lucia, il aurait prédit à ton frère une fortune brillante ?

— Une fortune princière, répliqua Timoteo, qui n'osait s'expliquer tout d'un coup, dans la crainte que la jeune fille n'ajoutât pas foi à ses paroles. »

Il avait pour but, en ce moment, de ruiner entièrement la confiance de Lucia dans la science de l'astrologue ; il mettait à exécution une idée qui lui était venue, et dont nous verrons plus tard les résultats.

Lucia insista pour connaître le dernier mot de l'oracle relatif à Matteo ; plus Timoteo faisait attendre la révélation, plus la curiosité de la fille d'Ugoni s'aiguisait.

« Vous trouverez cela étrange, Madonna, reprit le serviteur, et vous n'y croirez pas plus que moi, pas plus que Matteo ; mais vous aurez du moins la preuve évidente que l'astrologue n'est qu'un charlatan.

— Qu'a-t-il prédit enfin à Matteo ?

— Il lui a dit : « Matteo, tu porteras un jour la couronne impériale ! »

Lucia ne put tenir son sérieux ; elle éclata de rire en se représentant le nain affublé des ornements impériaux, la couronne en tête, le glaive au côté, le sceptre à la main. A cette image grotesque, mille réflexions plaisantes lui vinrent à l'esprit, et elle en exprima tout haut quelques-unes.

« Je voudrais que l'oracle se réalisât, dit-elle, ne fût-ce que pour assister à l'inauguration de

Matteo. Quelle mine il ferait sous la couronne! Quelle majesté il déploierait sur le trône!

— Mais vous ne jouirez pas de ce spectacle, interrompit Timoteo; car l'astrologue n'a pas vu clair dans l'avenir le jour où il a risqué une pareille prédiction.

— Et tu conclus que Barrettone n'était pas plus sûr de son fait quand il m'a dit: « Lucia, tu seras reine! »

— Telle est ma conviction.

— Pourtant j'ai des indices qu'il ne s'est pas trompé si fort à mon égard.

— L'astrologue est un habile homme, voilà ce que je ne contesterai jamais.

— Il n'a tenu qu'à mon père que je fusse reine, ainsi que Barrettone me l'avait annoncé.

— Sans doute; seulement il convient d'ajouter que la demande de votre main, faite au nom du roi Enzio, était la conséquence d'une intrigue menée par l'astrologue lui-même. Tout était concerté entre lui et le fils de Frédéric quand il vous a promis une couronne. Dans sa pensée, la réalisation de l'alliance proposée eût livré Bologne aux mains de l'ex-Empereur.

« Le refus de votre père a déterminé ces hommes à recourir au crime pour assurer l'exécution de leurs desseins. Vous savez comment leur infâme projet a été déjoué. »

Lucia se tut. Elle comprenait l'astuce avec laquelle on avait abusé de sa crédulité, et elle ressentit quelque irritation contre l'astrologue.

Néanmoins elle garda la mémoire d'Enzio et une vague espérance que la parole de Barrettone, inspirée ou non, se vérifierait plus tard. Seulement ses sympathies pour les Gibelins diminuèrent encore, et elle cessa de redouter leur défaite. Leurs forfaits, leur mauvaise foi, leur conduite impie lui donnaient à réfléchir, maintenant qu'elle était moins aveuglée par les fumées de l'ambition.

En un mot, après sa conversation avec Timoteo, Lucia n'était pas éloignée de former des vœux pour le triomphe des républiques italiennes.

Un changement heureux s'opéra dès lors dans le caractère de Lucia. Elle se montra meilleure avec ses parents, plus amicale avec Silvia, et rentra dans l'intimité de la vie de famille. Ses sentiments chrétiens se fortifièrent en s'épurant, et elle comprit la grandeur du rôle des pontifes luttant sans relâche pour sauvegarder les droits sacrés de la conscience et la liberté des peuples.

Elle revit assez fréquemment Timoteo, et, dans ses entretiens avec l'ancien serviteur de l'astrologue, elle apprit à mieux connaître Matteo ; elle reconnut que le nain n'avait point une âme vulgaire, mais qu'il joignait à une finesse merveilleuse un coup d'œil sûr, une résolution indomptable.

En effet, Matteo rendait de grands services à Guido pendant le siége de Parme. On eût dit qu'il se trouvait pour la première fois dans son milieu et sur le terrain où il pouvait déployer toutes les ressources de son esprit.

Malgré sa petite taille, il possédait une force musculaire étonnante, une agilité rare, une adresse incomparable.

Son maître avait dû lui permettre de prendre part aux combats qui se livraient entre les deux armées, et il y montrait un courage intrépide. Nul mieux que lui ne lançait le javelot. Dans une sortie, mêlé aux soldats bolonais, il se glissait sous les chevaux ennemis, les éventrait de son poignard, et égorgeait ensuite les cavaliers tombés à terre.

Il était insaisissable, et jamais il n'avait encore reçu de blessure. Deux ou trois fois il sauva la vie à Guido, qui se jetait toujours au plus fort du danger.

Dans les commencements, les assiégés riaient de Matteo ; mais il ne tarda point à conquérir leur respect, leur admiration. Dans plusieurs circonstances, où il s'agissait de préparer un coup de main, on l'appela au conseil, et ses avis n'y furent point inutiles.

Le 18 février, Matteo, s'étant glissé hors de la ville, comme il lui arrivait souvent, parvint à pénétrer dans Vittoria.

Le ciel était brumeux ; mais l'air tiède annonçait l'approche du printemps.

Frédéric relevait de maladie, et l'on s'attendait, dans Parme, à une attaque vigoureuse pour le retour de la belle saison.

Le nain, étant rentré rapidement dans la place, courut à la demeure de son maître.

Guido était au conseil.

Matteo s'y rendit en toute hâte, se présenta dans la vaste salle où les principaux officiers étaient réunis, et demanda vivement la parole.

« Nous avons une excellente occasion, dit-il, de porter un coup terrible au tyran. Je reviens de Vittoria.

— Que s'y passe-t-il? demanda le président du conseil.

— Frédéric est absent.

— Où est-il ?

— A la chasse aux faucons. Il a ressenti le besoin d'aller se divertir, et il ne reviendra que demain peut-être.

— Mais ses troupes font bonne garde.

— Elles n'ont aucune défiance. A l'exemple de leurs maîtres, elles commencent à se livrer à divers amusements ; elles célèbrent un jour de fête.

— Es-tu bien sûr de tout cela?

— Parfaitement sûr.

— Nous pouvons nous en rapporter à Matteo, dit Guido.

— Alors, interrogea encore le président, tu crois que le moment serait propice pour une sortie?

— Assurément. »

Les assistants se regardèrent comme pour se consulter.

« Malheureusement, observa l'un d'eux, une partie de nos forces sont absentes pour une expédition lointaine.

— Il n'importe, répliqua Guido avec animation ; il faut profiter d'une circonstance qui ne se reproduira peut-être pas. Tentons l'entreprise, et Dieu fera le reste. »

La décision d'attaquer l'armée assiégeante fut arrêtée sur-le-champ, et le conseil se sépara pour la proclamer dans la ville.

Les défenseurs de Parme accueillirent avec

enthousiasme l'ordre de se préparer au combat. Tous suppliaient la Vierge Marie, dont l'image auguste flottait dans leurs étendards, de protéger les opprimés et de frapper le dragon furieux qui menaçait de les engloutir.

Les Parmesans et leurs alliés franchirent sans bruit les portes de la ville, et se dirigèrent en silence sur Vittoria.

C'était dans la matinée; la brume, qui durait encore, favorisant leur marche, ils atteignirent la place ennemie sans qu'on les eût remarqués.

Taddeo de Suessa commandait au lieu de Frédéric.

Averti enfin de la présence des assiégés, il dit en ricanant :

« Enfin voilà les souris qui sortent de leurs trous; tant mieux! nous allons leur apprendre ce qu'il en coûte de braver l'autorité impériale. »

Mais, avant que les troupes de Frédéric pussent prendre leurs armes et se ranger en ordre de bataille, elles furent attaquées avec une vigueur extraordinaire. Des femmes avaient suivi les Parmesans; avec des cordes et des faucilles attachées à des perches, elles tiraient les cavaliers en bas de leurs chevaux.

Matteo s'était tenu d'abord à côté de son maître. Toutefois, contre son habitude, le nain semblait combattre mollement ce jour-là.

Tout à coup il disparut, et Guido, inquiet, le cherchait du regard dans la mêlée, mais inutilement.

Il y avait une heure à peine que la terrible lutte était engagée. Déjà une multitude de soldats impériaux avait succombé. Les Parmesans, ivres de sang et de fureur, en faisaient un effroyable carnage.

Soudain des cris de terreur s'élevèrent parmi les troupes de Frédéric. Des nuages de fumée tourbillonnaient au-dessus de la ville de bois; puis un violent incendie l'enveloppa tout entière.

Matteo avait accompli son œuvre : avec l'aide de quelques Bolonais, il avait mis le feu aux quatre coins de la place.

En ce moment le nain reparut à côté de Guido. Il était couvert de sang ; ses habits déchirés, ses cheveux à moitié brûlés, ses armes brisées, firent craindre à son maître qu'il n'eût été frappé dangereusement.

« Tu es blessé ? lui demanda Guido tout ému.

— Non, non ! s'écria Matteo : je ne prodigue que le sang de l'ennemi. Mais voyez donc le feu de joie qui s'allume !

— Heureuse idée !

— J'ai voulu que le tyran vît clair pour revenir ce soir.

— C'est donc toi...

— C'était mon office, » répliqua Matteo le visage rayonnant.

Il fut interrompu par l'effort d'un groupe de cavaliers qui se rua, son chef en tête, sur Guido et ses compagnons.

Ce chef, c'était Taddeo de Suessa, combattant avec la rage du désespoir.

Le nain le nomma à son maître, qui s'élança sur le lieutenant de Frédéric.

En deux coups d'épée, Guido trancha les mains

de Taddeo, qui tomba de cheval, en hurlant de douleur.

Les Bolonais, qui combattaient à pied, se jetèrent sur le blessé et le hachèrent.

. Ainsi périt l'avocat de Frédéric au concile de Lyon.

Bientôt le glaive et les flammes chassèrent de Vittoria l'armée du tyran; elle se débanda et s'enfuit vers Crémone.

Frédéric, qui était à une lieue de là, ne connut, ne soupçonna même cet effroyable désastre qu'en apercevant une immense fumée du côté de Vittoria.

Il abandonna la chasse aussitôt, accourut en toute hâte, mais trop tard.

Il trouva la ville réduite en cendres, et ses troupes en déroute.

Lui-même fut entraîné par les fuyards jusqu'à Crémone.

Les Parmesans avaient tué quinze cents hommes, et fait trois mille prisonniers, parmi lesquels tous les chambellans et les officiers de la cour impériale.

Le butin fut immense : armes, bêtes de somme, tentes, bagages, objets précieux.

L'étendard des Crémonais, le sceau de l'Empire et le sceptre tombèrent au pouvoir des vainqueurs.

Matteo, qui avait pénétré le premier dans la demeure de Frédéric, s'empara de la couronne du tyran.

Se rappelant son ancien rôle de bouffon, il la plaça sur sa tête, et se présenta ainsi aux soldats de Bologne parmi lesquels il avait combattu.

C'était cette même couronne dont Frédéric avait ceint si fièrement son front, en apprenant qu'Innocent l'avait déposé de l'Empire.

A la vue du nain orné de la couronne impériale, les troupes poussèrent une acclamation formidable.

Des soldats l'enlevèrent sur leurs épaules, et marchèrent en tête de l'armée parmesane, rentrant dans la ville.

Matteo, porté en triomphe, savourait sa vengeance. Sur son passage éclataient à la fois les railleries contre le tyran, et les applaudissements en l'honneur du redoutable nain.

La ville acheta la couronne deux cents livres pesant d'argent.

Le nain était riche désormais.

La prétendue prédiction que Timoteo avait rapportée à Lucia s'était réalisée : Matteo avait ceint la couronne impériale.

A la nouvelle de cette brillante victoire, la ville de Bologne ordonna des réjouissances publiques, et attendit impatiemment ses soldats pour les féliciter.

Lucia, ayant appris les détails de la défaite de Frédéric, retomba dans ses premières illusions au sujet de la science de l'astrologue.

Timoteo, croyant la convaincre pour jamais de la vanité des prédictions de Barrettone, avait imaginé le récit de l'oracle transmis à son frère ; et il se trouvait que le hasard des événements réalisait cette invention.

Aussi, la première fois que Lucia le rencontra

après l'annonce de la victoire des Parmesans, elle lui dit :

« L'astrologue avait raison : Matteo a porté la couronne impériale. »

Timoteo se prit à rire.

« Parlez-vous sérieusement, Madonna? demanda-t-il.

— Très-sérieusement : les faits donnent raison à votre maître.

— Nullement : Matteo n'est pas empereur ; il s'est joué du tyran, et voilà tout.

— Cependant la prédiction est accomplie à la lettre. Barrettone n'a-t-il pas dit à ton frère : « Matteo, tu porteras un jour la couronne impériale? »

— Oui, je vous ai raconté cela, murmura Timoteo, mais Matteo ne la porte plus.

— Nouvelle preuve de la véracité de l'astrologue : Il a dit : *un jour*, et Matteo n'a porté, en effet, la couronne que ce seul jour. »

Timoteo, embarrassé et désolé en même temps de cette coïncidence, ne répliqua pas.

Lucia ajouta :

« Donc, je suis en droit de compter sur la réalisation des promesses qui me concernent : je serai reine! »

IX

LE PRISONNIER

Le pape Innocent, que les succès des Bolonais contre Frédéric avaient rempli de joie, voulut leur témoigner sa reconnaissance et les animer en même temps à poursuivre la ruine du tyran.

Ottaviano Ubaldini, évêque de Bologne, était alors auprès du pontife. Innocent le créa cardinal, et le renvoya dans sa ville épiscopale avec mission de féliciter ses concitoyens et de concerter avec eux de nouvelles opérations militaires pour l'année suivante.

Boniface Cario venait de succéder à Ottone Visconti dans la suprême magistrature.

Le cardinal-évêque fut reçu dans la cité avec de grandes démonstrations de joie. Guido Ugoni et les troupes qu'il commandait durant le siége de Parme venaient de rentrer dans Bologne, et elles escortèrent le prélat jusqu'à son palais.

Le lendemain, le podestat réunit le sénat.

Après une mûre délibération, il fut convenu que les Bolonais entreprendraient d'abord de réduire tous les châteaux et les villes du territoire de Modène; ensuite ils devaient marcher pour recouvrer les possessions que Frédéric avait enlevées au pape dans la Romagne.

La république aspirait à la gloire de protéger le saint-siége et d'abattre la tyrannie, noble ambition qui n'était point au-dessus du courage de ses enfants.

Guido Ugoni et ses soldats demeurèrent peu de temps à Bologne. Toutefois le jeune chef put remarquer le changement qui s'était accompli chez Lucia. Il s'étonna surtout d'entendre sa sœur s'informer de Matteo et parler du nain sans colère.

Lucia se fit raconter de nouveau par son frère la prise de Vittoria et l'entrée triomphale de Matteo dans Parme.

Le récit de Guido concordait parfaitement avec celui qu'avaient fait les premiers envoyés.

« Frère, dit-elle, j'ai la preuve maintenant que l'astrologue Barrettone est un homme de science éminente.

— Personne n'en doute, répliqua Guido ; seulement il en abuse et agit parfois en charlatan.

— Je parle de sa connaissance des choses à venir : ses prédictions se réalisent.

— Barrettone est adroit, fit Guido avec un accent ironique.

— Ce qui est arrivé à Matteo atteste que l'astrologue est initié au secret des destinées humaines. Il avait annoncé que le nain porterait un jour la couronne impériale, et l'oracle s'est accompli. »

Cette conversation avait lieu chez Felippo Ugoni, dans le cabinet de travail de Guido. Celui-ci allait répondre aux dernières paroles de sa sœur, quand Matteo parut subitement.

Le nain ne portait plus le costume de bouffon ; il était vêtu maintenant comme les soldats ; sa conduite intrépide lui avait valu la considération générale, et nul n'eût osé le plaisanter.

Lucia l'avait à peine aperçu depuis son retour ; car il se tenait toujours avec elle sur la réserve.

Charmée de le voir en ce moment, elle s'adressa brusquement à lui, et s'écria :

« N'est-il pas vrai, Matteo, que l'astrologue Barrettone avait prédit que tu porterais un jour la couronne impériale?

— Jamais, Madonna! » répondit le nain stupéfait de cette question.

Il n'avait vu son frère qu'à la hâte, et Timoteo ne lui avait point parlé du mensonge qu'il avait fait à Lucia, soit que le temps lui eût manqué, soit pour tout autre motif.

« Cependant ton frère me l'a récemment affirmé.

— Mon frère vous a trompée.

— Alors il s'est joué de moi, à moins que tu ne mentes toi-même à cette heure, fit Lucia rouge de colère.

— Dieu me préserve de vous outrager, Madonna, dit le nain avec un accent de sincérité qui ne permettait aucun doute sur sa bonne foi. Non-seulement je n'ai demandé aucune consultation à l'astrologue, mais je n'ai même pas eu l'occasion ni le désir de l'interroger une seule fois. »

Pendant ce dialogue, Guido sortit doucement du cabinet.

Lucia, mal convaincue, continua de questionner le nain.

Matteo finit par comprendre dans quel but son frère avait raconté à Lucia la prétendue prédiction. Mais, malgré son esprit plus retors que celui d'un procureur, le nain ne trouva pas une bonne raison pour expliquer le fait. Il fut obligé de déclarer une seconde fois que Timoteo avait inventé cette histoire.

« Ainsi tu avoues qu'il s'est moqué de moi ? reprit Lucia irritée.

— J'ignore quels motifs lui ont inspiré ce faux récit; cependant, Madonna, je suis sûr qu'il n'a pas voulu vous offenser... »

Le retour de Guido coupa la phrase de Matteo. Derrière le fils d'Ugoni s'avançait humblement Timoteo.

Avant que Lucia eût pu réclamer une explication, l'ancien serviteur de l'astrologue fléchit le genou devant la jeune fille, et lui dit d'une voix émue :

« Vous me pardonnerez, Madonna, j'ose l'espérer, de vous avoir trompée. Quoique mes intentions fussent pures, je reconnais avoir mal agi; car on ne doit point mentir, même dans un but excellent. »

L'attitude de Timoteo adoucit le ressentiment de Lucia.

« Lève-toi, ordonna-t-elle, et apprends-moi pour quelle raison tu m'as induite en erreur.

— Je désirais vous convaincre du charlatanisme

de Barrettone, et, pour donner plus de poids à mes paroles, il me vint à l'idée de mettre en regard de la prédiction qu'il vous a faite un oracle dont la réalisation paraissait impossible. J'ai eu tort, je le répète, et vous conjure d'oublier ma faute.

— En tout cas, murmura Lucia, la coïncidence entre la prédiction supposée et l'événement me semble bien singulière.

— Cette coïncidence me surprend autant que vous, Madonna. Quoi qu'il en soit, s'il y a ici un prophète, c'est moi : or je n'ai aucune prétention à ce titre.

« En outre, la formule même de la prédiction dont je me suis servi renferme une sorte de jeu de mots qui n'était pas dans ma pensée. Je vous ai dit, en effet, que l'astrologue s'était exprimé en ces termes : « Matteo, tu porteras un jour la couronne impériale. » Eh bien, ce mot, *un jour,* signifiait à une époque indéterminée, et non point *un seul jour.*

« Au reste, Barrettone est en prison; faites-le interroger à ce sujet, et sa réponse vous convaincra certainement de la vérité de mes explications. »

Lucia, apaisée, congédia du geste Timoteo, qui se retira lentement et assez mortifié du désagrément que lui causait la prédiction inventée par lui.

Pourtant il se félicitait, au fond, que les circonstances lui eussent fourni un moyen de neutraliser l'impression produite dans l'esprit de Lucia par l'accomplissement de l'oracle imaginaire. Il avait prévu que Matteo serait interrogé, et telle est la cause pour laquelle il n'avait rien dit à son frère.

Les troupes bolonaises qui avaient contribué si glorieusement à la défense de Parme ne restèrent pas longtemps inactives. Pour obéir aux vœux du pape, aux ordres du sénat et du peuple, le podestat, Boniface Cario, appela sous les armes de nouvelles légions, et réunit une magnifique armée.

Au commencement de mai, il marcha contre les Modenais, qui tenaient pour les Gibelins et l'ex-Empereur.

Afin que les opérations ne fussent point entravées par les mesures à prendre au sujet des pays qui pourraient être occupés, le sénat et le peuple bolonais formèrent un comité pris dans les conseils de la république et de la magistrature, lequel devait accompagner les troupes et prononcer sur les lieux, sans en référer à la ville.

Ce fait montre combien le pouvoir du premier magistrat était limité, même dans la conduite d'une expédition. Les républiques italiennes entouraient d'une surveillance jalouse les libertés si chèrement acquises.

Guido Ugoni commandait un corps de troupes sous l'autorité du podestat. Il avait emmené avec lui Matteo, désormais son compagnon inséparable.

Ottone Visconti faisait partie du comité: Felippo Ugoni demeura dans la ville, en qualité de consul.

La première conquête de l'armée bolonaise fut celle de la riche abbaye de Novantola et de son territoire.

Elle réduisit ensuite Pausani et San-Cesario. Le cardinal Ottaviano Ubaldini, membre et président du comité, donna l'avis de démolir ces deux forteresses, ce qui fut exécuté.

Puis l'armée passa la Scultenna, entra triomphalement dans la Romagne, s'empara de Dulci et de Foligno, et marcha sur Imola.

Les habitants, incapables de résister, proposèrent un accommodement aux termes duquel les Bolonais occuperaient leur ville et les protégeraient aussi longtemps qu'ils resteraient fidèles au saint-siége.

Le comité accepta ces conditions, et les ratifia de son autorité.

D'Imola les Bolonais se portèrent sur Faenza, Bagnacavallo, Forlimpopoli et Forli. Ils forcèrent toutes ces villes à prêter serment d'obéissance au pape et à la république de Bologne. Dans ces places ils laissèrent des garnisons, des gouverneurs et des podestats bolonais.

De là ils se dirigèrent vers le littoral, contre Cervia, ville célèbre par ses salines.

Les habitants se soumirent; ils s'engagèrent à fournir pendant dix ans du sel aux Bolonais, s'interdisant la faculté d'en disposer pour aucun autre État.

Dans cette courte et brillante campagne, les Bolonais subjuguèrent toute la Romagne.

Vers le milieu de septembre, le podestat se disposa à ramener son armée à Bologne. Avant de donner l'ordre du départ, il obligea les magistrats d'Imola de jurer qu'ils combattraient tous les ennemis de la république, et particulièrement l'ex-Empereur Frédéric.

L'étoile du tyran pâlissait à la fois en Italie et

en Allemagne. L'anathème qu'il avait si fièrement bravé à Turin semblait s'attacher à lui, ruiner sa puissance et jusqu'à son génie militaire.

Ses armes subissaient échecs sur échecs dans la Péninsule, et l'Allemagne lui échappait aussi.

Après la mort du landgrave de Thuringe, élevé à l'Empire par les électeurs, Guillaume de Hollande fut choisi pour ceindre la couronne de Frédéric.

C'était un jeune homme de vingt ans, bien fait de sa personne et soutenu par de grandes alliances.

Le nouveau monarque, reconnu par une partie de l'Allemagne, voulut se faire couronner à Aix-la-Chapelle.

Mais Conrad, le fils de Frédéric, occupait la ville impériale.

Guillaume l'assiégea, coupa les vivres à l'ennemi, et força bientôt la ville à ouvrir ses portes.

Conrad, fugitif, rejoignit son père en Italie.

Frédéric, vaincu par la ligue lombarde, et craignant pour les provinces du Midi où il dominait encore, se rendit à Naples pour y maintenir sa puissance qui s'écroulait.

Il laissa en Lombardie son fils Enzio, pour conserver les places qui lui restaient.

Le jeune roi se signala par des cruautés dignes de son père. Ayant pris Arola, après un siége de quelques semaines, il fit pendre toute la garnison, afin d'épouvanter les Guelfes.

Mais cette action atroce produisit des résultats contraires à ses espérances.

Felippo Ugoni venait d'être élu podestat de Bologne pour la seconde fois.

Le cardinal Ottaviano Ubaldini résidait dans sa ville épiscopale, suivant les événements d'un œil attentif.

A la nouvelle du drame terrible d'Arola, le podestat jura qu'Enzio disparaîtrait de la Lombardie ou que lui-même périrait dans la lutte.

De concert avec l'évêque, il convoqua le sénat et le peuple, exposa devant eux les crimes dont se souillaient les lieutenants de Frédéric, et conclut à une campagne décisive.

Le cardinal, qui jouissait d'une grande influence dans la république, appuya les propositions de Felippo, rappelant que le tyran était plus faible que jamais, et le moment favorable pour tenter un dernier effort.

Le sénat et le peuple accueillirent cette motion; il fut décidé que Bologne mettrait en œuvre toutes ses ressources pour affranchir définitivement l'Italie.

Ugoni fut chargé de préparer activement l'expédition.

Le podestat procéda avec son adresse accoutumée. Il envoya des ordres secrets à tous les alliés ou sujets de la république dans la Romagne et dans le marquisat d'Ancône.

Au printemps, Felippo Ugoni, ayant rassemblé la plus puissante armée que Bologne eût jamais mise sur pied, se trouva prêt à commencer la campagne.

Le sénat lui confia solennellement l'étendard de la république, qui devait être porté en tête des troupes, et escorté de cent soldats intrépides, revêtus d'armures particulières.

Le cardinal Ottaviano Ubaldini, Ottone Visconti et Guido accompagnaient le podestat.

Modène, toujours attachée aux Gibelins, et menacée des premiers coups, appela Enzio à son aide.

Le jeune roi réunit un corps de troupes composé de Pavésans, de Crémonais, de Ferrarais et de ses soldats allemands.

Le podestat, par une marche rapide, entra brusquement sur le territoire de Modène, avant qu'Enzio fût en mesure de l'inquiéter dans ses mouvements.

Le roi de Sardaigne, espérant pouvoir arrêter l'ennemi au passage de la Scultenna, se dirigea en toute hâte vers cette rivière.

Mais, en arrivant sur ses bords, il s'aperçut que les Bolonais avaient déjà commencé à la franchir dans un endroit appelé Fossolta.

Plein de rage et de dépit, Enzio les attaqua sur-le-champ.

C'était le 23 mai 1249.

La bataille dura douze heures avec un avantage presque égal des deux côtés.

Enfin, une charge terrible, menée par le podestat en personne et son fils Guido, écrasa l'ennemi.

Guido, exaspéré de cette longue résistance, s'était élancé sur un groupe de combattants au milieu desquels il avait aperçu Enzio lui-même. Il aborda impétueusement le jeune roi, sauta sur la bride de son cheval, le désarma et le fit prisonnier.

Boso Doara, gouverneur de Crémone, tomba également au pouvoir des Bolonais.

L'armée de Modène fut entièrement défaite. Peu de soldats échappèrent à la mort ou à la captivité. Ils se sauvèrent dans les bois, et regagnèrent la ville, distante seulement de trois lieues du théâtre de l'action.

Gérard Pio et Tomasini Gorsano, chefs de la noblesse modenaise, durent mettre bas les armes avec une grosse troupe de cavalerie et d'infanterie, au moment où ils approchaient des portes de la place.

Le nombre des prisonniers était si considérable et les soldats étaient si chargés de butin, que le podestat et le cardinal Ubaldini jugèrent prudent de suspendre leur marche victorieuse et de retourner à Bologne.

Une joie immense régna dans la ville à la nouvelle de l'éclatante victoire remportée sur les bords de la Scultenna, et tous les citoyens se préparèrent à recevoir dignement les braves soldats qui venaient d'élever si haut la fortune de la république.

Par ordre du sénat, on déploya une pompe inouïe; il fut décidé que le podestat et l'armée entreraient dans la ville comme autrefois dans Rome les triomphateurs anciens.

Le clergé, le sénat et les magistrats se rendirent hors des portes pour recevoir les vainqueurs.

Les cloches de toutes les églises sonnaient à grandes volées.

Le ciel, ce jour-là, était d'une pureté admirable;

le soleil inondait de lumière la cité remplie d'une immense allégresse.

Le podestat était à cheval, au milieu du comité.

Il mit pied à terre à la vue du sénat, dont il reçut les félicitations.

Puis on organisa la marche triomphale.

On vit s'avancer d'abord le bataillon sacré auquel avait été remis le glorieux étendard de la république. Guido le conduisait, monté sur son fier coursier ; à côté de lui se tenait, à cheval également et faisant l'office d'écuyer, le nain Matteo, qui s'était signalé par de nouveaux exploits.

L'étendard, criblé de flèches, pendait en lambeaux le long de la hampe.

Un corps de troupes en grande tenue suivait les gardiens du drapeau bolonais.

Ensuite défilaient les prisonniers, mornes, abattus. Après eux apparaissaient les chefs de l'armée modenaise, parmi lesquels on distinguait Enzio, qui les dominait tous de la tête.

Le fils de Frédéric, doué d'une beauté merveilleuse, était vêtu magnifiquement. Ses longs cheveux blonds flottaient en boucles d'or sur ses épaules; la rage et le désespoir étaient peints sur son visage, et ses yeux pleins de flammes menaçaient encore ses ennemis.

Le prince captif se redressait sous l'humiliation ; on eût dit Satan lançant une suprême imprécation contre l'archange qui le précipitait des cieux.

Les membres du comité, tous à cheval, étaient placés derrière Enzio.

Puis apparaissait sur un char le podestat, Felippo Ugoni, entouré de ses principaux officiers.

Les acclamations du peuple saluaient au passage le magistrat suprême de la république, bien plus grand à leurs yeux que les césars teutons qui si longtemps avaient désolé l'Italie.

Le reste de l'armée fermait la marche, et les soldats célébraient à l'envi l'habileté militaire du podestat.

Le cortége triomphal se dirigea lentement, à travers les rues de la ville, vers l'église cathédrale. Il longea le palais du podestat.

Madonna Francesca, Silvia et Lucia se tenaient sur une des tours, afin de jouir du grand spectacle dont Felippo et Guido étaient les principaux acteurs.

Au moment où Guido les aperçut et les salua de son épée victorieuse, les trois femmes éprouvèrent, à un degré différent, il est vrai, un mouvement de légitime orgueil.

Matteo, enveloppé dans la gloire de ce triomphe, ne parut plus ridicule à Lucia. Le nain semblait transfiguré; son front rayonnait encore du mâle enthousiasme de la bataille.

Mais quand Enzio passa, au milieu des prisonniers, une tristesse poignante serra le cœur de Lucia... Le regard du jeune roi se porta vers le sommet de la tour, et la jeune fille crut qu'il l'avait reconnue.

Elle détourna ses yeux humides de larmes, et il ne fallut rien moins que la vue de son père, dans tout l'éclat de cette pompe guerrière, pour calmer les sentiments qui l'agitaient.

L'armée bolonaise se développa autour de la cathédrale, et les soldats formèrent la haie.

Le podestat, le comité et le sénat entrèrent dans l'église, et le cardinal Ubaldini entonna le *Te Deum*.

De là Felippo se rendit au palais, où il fit conduire provisoirement Enzio et les chefs modenais pris avec le prince.

On les enferma dans une des tours, préparée à la hâte pour les recevoir, et une garde nombreuse fut chargée de veiller sur eux.

Quoique Enzio eût fait beaucoup de mal aux alliés de Bologne et qu'il fût exécré des Guelfes, le sénat ne voulut point aggraver sa captivité. Il ordonna de disposer un palais où il serait détenu, et où il jouirait de tous les adoucissements compatibles avec sa situation.

Le soir de cette mémorable journée, le podestat invita les principaux de la ville à un banquet splendide.

Les mœurs de Bologne étaient douces et civilisées. Felippo Ugoni, avant de s'asseoir au festin, alla visiter son illustre prisonnierpour le consoler de sa disgrâce, et peut-être aussi pour lui montrer combien la république l'emportait en magnanimité sur Frédéric et ses lieutenants.

Il trouva Enzio qui se promenait à grands pas dans la salle de la tour où on l'avait confiné. Le jeune roi accueillit le podestat d'un air sombre ; il semblait croire qu'Ugoni venait insulter à son malheur.

« Prince, lui dit le magistrat bolonais en s'approchant avec courtoisie, je regrette vivement de ne pouvoir vous offrir un appartement plus confortable ; mais bientôt la république vous traitera conformément à votre rang. Le sénat vous destine un palais où rien ne vous manquera.

— Rien..., excepté la liberté, répliqua le jeune roi avec une amère tristesse.

— Le Ciel a prononcé entre nous, reprit Ugoni, et la loi de la guerre est cruelle, je l'avoue. Cependant croyez qu'il ne dépendra pas de moi que votre sort ne soit adouci. »

Enzio garda le silence.

Une table, un lit, quelques siéges formaient tout l'ameublement de la pièce. Deux fenêtres étroites, garnies d'un treillage de fer, l'éclairaient.

Voyant que le podestat se tenait debout, immobile, devant lui, il l'invita d'un geste à s'asseoir, et prit place lui-même sur un des siéges.

« Prince, que puis-je faire pour vous être agréable? » demanda Felippo d'un air sympathique.

Enzio réfléchit un instant, puis il répondit :

« Je voudrais, demain, expédier un message à l'Empereur.

— Il sera fait comme vous le désirez. Maintenant permettez-moi de vous le déclarer : je suis profondément touché de votre malheur, et, autant qu'il dépendra de moi, vous serez traité en prince.

— L'Empereur vous saura gré de ces bonnes dispositions.

— Ce n'est point pour lui plaire que j'agirai de la sorte à votre égard, mais par humanité et par respect pour une grande infortune. »

Le jeune roi comprit que le magistrat de Bologne se souciait peu des bonnes grâces de Frédéric, et, par sa réponse, il mesura la chute du tyran dans l'opinion publique.

Le podestat reprit :

« Tant que vous resterez ici, ma table vous est ouverte. Cependant je n'ose vous convier ce soir au banquet qui s'apprête : tous les magistrats de Bologne et les principaux citoyens y assisteront. »

Enzio devint pensif ; il se consultait avant de prendre une résolution.

Enfin, au grand étonnement de Felippo, il répondit :

« Néanmoins j'accepterai votre offre gracieuse. Des soldats qui se sont rencontrés face à face sur le champ de bataille peuvent, sans rougir, sans déroger, se retrouver ensemble autour d'une table de festin. »

Le podestat, qui connaissait la fierté du fils de Frédéric, cherchait, mais en vain, le mobile auquel le prince obéissait en ce moment.

Quant à Enzio, ce n'était pas à la légère qu'il accueillait l'invitation de Felippo. Le jeune roi était séduisant, orné des plus brillantes qualités, et il ne l'ignorait pas. Il exerçait sur tout ce qui l'approchait une sorte de fascination. Beau, lettré comme son père, fameux depuis son adolescence par une foule de faits d'armes, il possédait avec cela une éloquence singulière. Si son éducation eût été fortement imbue du christianisme, s'il eût eu sous les yeux d'autres exemples, au lieu d'être un tyran détesté, le fléau des peuples, il fût devenu un grand roi.

Or Enzio, ayant conscience de son ascendant

sur les esprits, se détermina à se rendre au festin du podestat, espérant se concilier quelques-uns des convives, ou du moins se ménager des intelligences dans Bologne, afin de hâter le terme de sa captivité.

Felippo Ugoni avertit le prince qu'il enverrait son fils pour le conduire à la salle du banquet; puis il se retira en se demandant de quel œil ses convives verraient le prisonnier. Il se repentait de lui avoir adressé l'invitation; car il craignait une gêne extrême durant le festin, et un blâme de la part des invités.

Le podestat communiqua ses inquiétudes à Guido, qui ne les partagea pas.

« Je pense, au contraire, dit-il, que vous satisferez la curiosité de beaucoup de personnages. D'ailleurs nos concitoyens sont réputés pour leur courtoisie, et ils ne mentiront pas, ce soir, à leur renommée. »

Lorsque tous les convives furent arrivés, le podestat leur apprit quel hôte il attendait encore.

A la nouvelle que le jeune roi consentait à s'asseoir à la table de son vainqueur, des applaudissements unanimes éclatèrent dans la salle. La plupart déclarèrent que c'était une noble résolution, digne de la réputation d'Enzio.

« Il apprendra, répétait-on de tous côtés, que si les Bolonais sont redoutables dans le combat, ils sont généreux, courtois après la lutte. »

Tout à coup le bruit cessa, et les regards se dirigèrent vers la porte.

Le roi de Sardaigne entrait avec dignité, conduit par Guido.

Il salua avec aisance le podestat, puis les assistants, qui s'étaient inclinés tous en sa présence.

Ensuite, apercevant Madonna Francesca, Silvia Lucia, il s'approcha galamment des dames, comme il convenait à un vrai chevalier ; il baisa la main de la matrone, adressa un geste gracieux à sa belle-fille et à sa fille, et s'assit à la place d'honneur qu'on lui avait réservée.

Il était roi et malheureux, double titre qui lui assignait cette distinction.

Non loin d'Enzio était Lucia, qui rougissait chaque fois qu'il lui parlait.

Il eût été difficile à un spectateur étranger aux événements de reconnaître le vaincu au milieu des vainqueurs, tant le jeune roi montra de grâce, de bonne humeur et même d'entrain. Il charma tous les convives, et plusieurs se demandèrent si on ne l'avait pas odieusement calomnié en le dépeignant comme un tyran impitoyable.

Le lendemain, il ne fut bruit dans Bologne que de ce banquet où l'illustre captif avait été l'objet de l'admiration de tous.

Lucia ne cachait pas, de son côté, l'impression profonde qu'il avait produite sur elle.

« S'il n'était pas roi, disait-elle à son frère, il mériterait de le devenir.

— Plût à Dieu qu'il ne l'eût jamais été, répliqua Guido : des milliers d'innocentes victimes existeraient encore ; de nombreuses familles ne seraient pas condamnées à des larmes éternelles. Et nous, si nous avions été vaincus, il ne nous aurait pas pardonné : il se fût hâté d'ordonner notre supplice. Enzio est d'autant plus dangereux qu'il a été mieux doué par la nature. »

Lucia se tut; elle sentait que son frère avait raison.

« Combien Frédéric n'est-il pas coupable, poursuivit Guido, d'avoir perverti jusqu'à ses fils! Enzio, une noble nature, s'est dépravé au contact de son père. Élevé parmi les musulmans et des chrétiens prévaricateurs, il a sucé l'impiété avec le lait; il a vécu, depuis son enfance, au milieu du sang. Peut-être Dieu l'a-t-il brisé prématurément pour exercer sur lui ses miséricordes. »

Lucia parut goûter cette réflexion pieuse, et elle répondit en soupirant :

« Nous devons être indulgents pour ce malheureux prince; car, les actions qu'on lui reproche, beaucoup de raisons les expliquent sans les justifier. Il est bien jeune encore! qui sait si, avec le temps, il ne se modifiera pas?

— Le malheur est une école profitable. »

Le frère et la sœur se séparèrent sur cette observation.

X

LA FIN D'UN RÊVE

Enzio eut la permission, comme il l'avait demandé, de faire expédier une lettre à son père pour lui annoncer son malheur.

Quelques jours plus tard, il reçut pour prison un palais voisin de la cathédrale.

Les Bolonais en usaient splendidement avec leur prisonnier, et le traitaient véritablement en roi.

Mais les égards qu'ils lui témoignaient ne les empêchèrent pas de constituer une garde sévère autour du prince. Les soldats chargés de le surveiller répondaient de lui sur leur tête.

Quand la lettre du jeune roi lui parvint, le tyran savait déjà le désastre dont le plus aimé de ses fils avait été victime, et il en conçut une douleur profonde.

Il était à Naples, où sa présence était nécessaire pour contenir les provinces du Midi.

Aussitôt il écrivit aux Bolonais, leur enjoignant avec hauteur de rendre Enzio à la liberté, et les menaçant, s'ils refusaient, de leur faire sentir tout le poids de sa colère.

Frédéric se croyait encore aux jours de sa puissance; mais les temps étaient bien changés. Le messager qui porta aux Bolonais cette missive fut reçu froidement, presque avec dédain. On lui fit attendre plusieurs jours la réponse, et enfin on l'invita à se rendre au sénat.

Le député de Frédéric se présenta au palais où siégeait le conseil suprême de la république. Le sénat rendit un décret par lequel il déclarait qu'Enzio ne sortirait jamais de sa prison, les intérêts de Bologne et ceux de l'Italie exigeant cette rigoureuse mesure.

« Voilà notre réponse, dit le podestat au messager; rapportez-la à votre maître, et ajoutez que nous n'en avons pas d'autre à lui faire.

« Et quant à sa vengeance dont il veut nous effrayer, nous ne la craignons pas : les vainqueurs n'ont aucune raison de redouter celui dont ils ont triomphé. »

C'est ainsi que les Bolonais congédièrent l'envoyé de l'ex-Empereur.

Après les réjouissances consacrées à célébrer leur victoire, ils songèrent à terminer la guerre interrompue en s'emparant de Modène.

Le podestat engagea secrètement les Parmesans à attaquer Reggio, afin que cette ville ne pût secourir Modène, et il marcha en personne contre cette dernière place.

Felippo Ugoni parut devant la cité ennemie à la

tête d'une nombreuse armée, pourvue d'un immense train de machines de guerre et de munitions de toutes sortes.

Les assiégés se renfermèrent dans leurs murailles, décidés à se défendre jusqu'à la dernière extrémité.

Les Bolonais, plus habiles à combattre en rase campagne qu'à conduire un siége, essayèrent par tous les moyens d'attirer leurs ennemis hors de l'enceinte.

Ils brûlèrent les faubourgs, lancèrent dans la ville, avec leurs machines, des carcasses d'animaux, et prodiguèrent les outrages aux assiégés.

A la fin, les Modenais, irrités, opérèrent une sortie, prirent une machine, et l'emmenèrent triomphalement dans leurs murs.

Alors les Bolonais recoururent à la sape, et contraignirent bientôt les assiégés à demander une capitulation.

Le podestat l'accorda à des conditions honorables, et la paix fut conclue avec les Modenais. La ville entra dans la ligue lombarde.

Frédéric, découragé par tant de revers, abattu par la captivité de son fils, essaya de fléchir les Bolonais non plus par des menaces, mais par des supplications.

Il dépêcha un de ses principaux ministres, qui offrit, pour la rançon d'Enzio, des sommes énormes. Le sénat et le peuple refusèrent.

« Ce n'est point animosité de notre part, fut-il répondu au député du prince, mais prudence. Nous ne devons pas exposer de nouveau les républiques italiennes aux dangers que leur a fait courir Enzio.

Le soin de notre propre sécurité nous commande de ne point accroître les forces de notre ennemi.

Lucia intercéda en faveur du prisonnier; mais ses prières furent inutiles. Son père, son frère, les amis de sa famille lui expliquèrent les raisons graves pour lesquelles on ne pouvait rendre le captif à la liberté.

La jeune fille, désolée de ce refus, n'en témoigna pourtant aucun ressentiment : elle savait maintenant que Frédéric et les siens avaient combattu sans cesse pour ruiner l'Église et tyranniser l'Italie; elle n'avait plus d'illusions à cet égard, bien que sa sympathie pour Enzio demeurât la même qu'auparavant.

Le jeune roi, ayant appris la négociation dont il était l'objet et l'intervention de Lucia, témoigna le désir de voir sa noble avocate.

Depuis qu'il était prisonnier, Enzio s'était transformé. Élevé, pour ainsi dire, dans les camps, il avait grandi au milieu du tumulte des armes, et subi les entraînements de cette existence-là.

Mais le malheur avait fait le calme autour de lui ; sa puissante intelligence s'était éclairée ; son caractère, loin de s'aigrir, s'était adouci. En comparant les traitements humains, attentifs, dont on usait envers lui, avec ceux que son père ou lui-même avaient maintes fois infligés aux chefs ennemis tombés dans leurs mains, il était forcé d'avouer que les Bolonais se vengeaient en chrétiens ; et la religion qui inspirait une telle conduite lui semblait admirable.

Les premiers personnages de la république le visitaient assidûment pour le distraire dans son infortune. En un mot, sauf la liberté, il jouissait, dans le palais qui lui avait été donné pour prison, de tous les égards dus à son rang.

Aussi la demande qu'il fit de voir Lucia ne souffrit aucune difficulté, et fut accordée sur-le-champ.

Madonna Francesca conduisit sa fille auprès du captif.

A sa vue, Enzio ne put se défendre d'une vive émotion, que partagea la jeune fille.

Il lui témoigna en termes chaleureux sa reconnaissance pour l'acte généreux qu'elle avait accompli.

« Je ne suis pas seul en cette ville, ajouta-t-il, puisque j'y rencontre des cœurs dévoués.

— Le malheur confère des droits sacrés, murmura Lucia, dont le regard se baissait sous celui du roi, et ma famille est accoutumée à les respecter. »

A la fin de l'entrevue, Enzio conjura Madonna Francesca de le visiter quelquefois avec sa fille, et la matrone le promit.

« S'il en est ainsi, s'écria le prince, je ne me croirai pas tout à fait malheureux. »

Lucia sortit bouleversée du palais et retenant à peine ses larmes. Cependant le sentiment qu'elle éprouvait n'était pas sans douceur. Son âme, qui naguère n'aspirait qu'aux grandeurs mondaines, venait de s'ouvrir à des ambitions plus nobles : la royauté du dévouement lui paraissait désormais plus enviable que celle du trône.

Enzio avait conservé ses serviteurs allemands; mais il avait congédié les musulmans pris avec lui, soit que leur présence lui déplût, soit afin de prouver qu'il n'avait point pour l'islam l'inclination qu'on lui supposait.

Quelques mois plus tard, Enzio eut à supporter une nouvelle épreuve. Frédéric, inconsolable de la captivité du plus aimé de ses fils, tomba malade dans la Capitanate. Se trouvant en péril de mort, il légua l'Empire à Conrad, les duchés d'Autriche et de Souabe à son petit-fils Frédéric, et il appela Manfred au gouvernement de la Sicile, sous l'autorité de Conrad.

Frédéric expira à Fiorentino, à l'âge de cinquante-six ans.

Suivant les uns, il mourut de mort naturelle; suivant les autres, il fut étouffé par Manfred. Les uns prétendent qu'il fut absous, avant de rendre l'âme, par l'archevêque de Palerme; les autres affirment qu'il périt dans les liens de l'excommunication, grinçant des dents, et poussant des cris horribles.

L'histoire, jusqu'ici, n'a pu résoudre la question.

Le seul jugement qu'on puisse porter sur ce prince est celui-ci : il est parfaitement certain qu'il fut le plus déloyal des rois, le plus infidèle des chrétiens, le plus méchant des hommes.

En apprenant la fin de son père, Enzio ressentit une douleur voisine du désespoir.

Felippo Ugoni et Guido s'efforçaient en vain de le consoler. Seule, Lucia réussit à calmer la tristesse du prince.

Une idée le frappait vivement dans ces événements malheureux qui se succédaient si rapidement : il se disait que les calamités dont les Hohenstaufen étaient victimes devaient avoir une cause supérieure, et que leurs luttes opiniâtres contre l'Église n'étaient peut-être point étrangères à de pareilles infortunes.

L'Italie était affranchie presque tout entière du joug impérial.

Le pape Innocent, qui avait vécu plusieurs années à Lyon sous la protection du roi de France, résolut de retourner à Rome.

Le pontife, s'étant embarqué à Marseille, arriva à Gênes, où l'attendaient les députés de toutes les villes confédérées.

Son voyage à travers la Péninsule fut une marche triomphale.

A Milan, il prit des mesures pour le maintien de la ligue lombarde.

De là il se rendit à Mantoue, puis à Ferrare, où il exhorta le peuple à la concorde.

Enfin il se dirigea vers Bologne.

Il fut reçu aux portes de la ville par une procession solennelle des magistrats et la foule immense des habitants, précédés de l'étendard de la république.

Innocent logea au palais épiscopal, et ses cardinaux descendirent dans les palais des principaux citoyens.

Le lendemain, le pontife consacra deux nouvelles églises, l'une pour les dominicains, l'autre pour les franciscains.

Pendant son séjour à Bologne, qui dura une semaine, le pape ordonna la délivrance de Boso Doara, pris à la bataille de Fossolta, avec Enzio.

Des réjouissances publiques attestèrent le dévouement des Bolonais pour le pontife.

De son côté, il les remercia de leur fidélité à l'Église. Il distingua particulièrement Felippo Ugoni, qui commandait l'armée de la république dans la lutte terrible où Enzio avait succombé, et il lui demanda quelle grâce il désirait.

« Rien autre chose, Très-Saint Père, répliqua Ugoni, que votre bénédiction pour ma famille. »

Lucia, qui était présente, osa prendre la parole. Elle s'adressa au pontife d'une voix émue, et lui dit :

« Votre Sainteté me permettra-t-elle de solliciter une faveur pour un malheureux ? le Vicaire de Jésus-Christ doit posséder des trésors d'affection pour ceux qui souffrent, et je suis sûre que vous exaucerez ma prière.

— Parlez sans crainte, ma fille, recommanda le pape avec douceur.

— Daignerez-vous, Très-Saint Père, visiter un illustre captif, le roi Enzio ? »

Innocent hésita un instant. Il savait que le prince, invité par plusieurs Bolonais à demander une entrevue, s'était renfermé dans un orgueilleux silence. Il ne voyait dans le pontife que l'ennemi implacable de sa race, et sa fierté, luttant contre sa raison, lui défendait de s'humilier devant l'homme qui avait brisé la couronne impériale sur la tête de Frédéric.

Néanmoins la détermination du pape fut bientôt prise : ne se souvenant que de son caractère sacré et de la mansuétude apostolique, il répondit :

« Je verrai le prince. »

En effet, ce jour-là même il se présenta au palais où résidait le prisonnier, et voulut le voir seul.

A l'aspect du pontife, Enzio se troubla ; des sentiments opposés agitaient son âme, et il parut tout interdit.

Innocent, comprenant sans doute la situation d'esprit du jeune roi, lui ouvrit les bras en lui disant avec bonté :

« En ce moment, ô mon fils, ne voyez en moi que le père commun des fidèles, qui vient vous bénir et vous consoler. »

Le prince ne résista pas ; il se jeta tout en pleurs dans les bras de l'auguste vieillard, qui mêla ses larmes à celles du captif.

Puis, quand Enzio se fut calmé, Innocent s'assit et lui fit prendre place à son côté.

L'entretien fut long, grave, affectueux d'une part, confiant et respectueux de l'autre.

Le roi avoua les torts de sa famille envers l'Église, les siens personnels, et témoigna son sincère repentir pour le passé.

Enfin il se prosterna devant le pontife, qui prononça sur lui l'absolution et le délia de l'anathème encouru comme complice de Frédéric.

En se relevant, Enzio dit au pape :

« Je ne réclamerai pas pour ma liberté, car je sais que les Bolonais me la refuseraient; mais je supplierai Votre Sainteté de mettre le comble à ses bontés en transmettant mon vœu le plus cher à Felippo Ugoni.

— Que souhaitez-vous? interrogea le pontife.

— La main de sa fille. Il me l'a refusée autrefois, peut-être aujourd'hui sera-t-il mieux disposé.

— Vous serez satisfait, » promit Innocent.

De retour au palais épiscopal, le pape manda Felippo.

Le Bolonais se rendit avec empressement chez le pontife, qui lui communiqua la demande dont il s'était chargé.

Felippo accueillit avec tristesse les paroles d'Innocent, et ne dissimula pas combien il lui serait pénible de vouer sa fille chérie à une sorte de captivité perpétuelle.

« Consultez-la, et, si elle consent, ne vous opposez pas à cette union. Elle fortifiera le jeune prince dans ses bonnes résolutions, elle adoucira son sort, et Dieu bénira le dévouement de Lucia. »

Ugoni se déclara prêt à suivre les conseils du pontife.

Le temps de sa magistrature était expiré, et il habitait sa maison particulière.

A son arrivée, il appela sa femme, son fils et Lucia.

« Enzio, dit-il sans préambule, demande une seconde fois la main de Lucia. Je n'ai pas refusé, mais je me suis abstenu de répondre : je ne me reconnais pas le droit de condamner ma fille à devenir la compagne d'un prisonnier. Elle seule peut résoudre la question.

— Mon père, répliqua Lucia d'une voix ferme, lorsque j'acceptais, il y a deux ans, la proposition que le prince réitère, j'avais tort, puisque j'agissais contre votre volonté; mais aujourd'hui que vous ratifiez à l'avance ma décision, je ne rétracterai point ma parole : je consens.

— Réfléchis mûrement, reprit Ugoni : le fils de Frédéric ne recouvrera peut-être jamais sa liberté.

— Enzio était heureux encore quand il m'offrit de partager sa couronne; maintenant qu'il est malheureux, si je refusais la royauté de son infortune, je commettrais une lâcheté. On m'a dit un jour : « Lucia, tu seras reine ! » Eh bien, que cette parole s'accomplisse ! »

Ce noble langage, la grandeur des sentiments qu'il exprimait, fermèrent la bouche à Felippo, et il n'insista plus pour détourner Lucia de l'union sollicitée.

Guido admira sa sœur, et applaudit à sa résolution généreuse.

Madonna Francesca embrassa sa fille en pleurant.

« Le Seigneur bénira ton sacrifice, lui dit-elle.

— Le pontife a parlé dans les mêmes termes, déclara Felippo Ugoni; c'est lui-même qui m'a transmis le vœu d'Enzio. »

Le surlendemain, le pape voulut présider à la cérémonie nuptiale qui associait pour toujours Lucia Ugoni à la destinée du roi Enzio.

« *Ben ti voglio !* Je te veux du bien ! avait dit l'héroïque jeune fille au prince captif, au moment où on les fiançait l'un à l'autre.

— Je retiens ces paroles, s'était écrié le fils de Frédéric : elles seront désormais ma devise. »

Elles furent bien plus que cela : elles devinrent le nom même de la famille issue de ce mariage; les Bentivoglio, qui jouèrent plus tard un si grand rôle dans Bologne, descendaient d'Enzio et de Lucia Ugoni.

Matteo et son frère Timoteo assistèrent à la fête nuptiale.

L'astrologue mourut quelques mois après, dans sa prison.

Selon la promesse du pontife, Dieu bénit cette alliance. L'amour mutuel des deux époux et la naissance de plusieurs enfants atténuèrent pour eux la privation de la liberté.

Cependant les vingt années qui suivirent ne furent pas exemptes d'épreuves pour le roi prisonnier. Le malheur frappa à coups redoublés la famille des Hohenstaufen.

Les fils de Frédéric périssent successivement. Conrad par le poison, vraisemblablement; Manfred victime de la trahison sur un champ de bataille; ses petits-fils Conradin et Frédéric d'Autriche tombent sur l'échafaud; sa fille Marguerite, après avoir erré longtemps en Allemagne, meurt misérablement à Francfort.

Enzio expira lui-même dans sa prison, au bout de vingt-deux années de captivité.

Eccelino de Romano, mortellement blessé dans un combat, finit en désespéré, juste expiation des atroces forfaits dont ce monstre avait épouvanté l'Italie.

Ainsi Dieu avait répondu à l'appel des pontifes en sanctionnant dans le ciel l'anathème prononcé par eux sur la terre. Sa main vengeresse avait détruit les persécuteurs de l'Église, les tyrans des peuples, et arraché violemment leur race de ce monde, prouvant une fois de plus qu'il dispose du sort des rois et des empires.

Quand le dernier de ses fils descendit dans la tombe, il y avait trente ans seulement que Frédéric II avait écrit aux Palermitains :

« Réjouissez-vous ! j'ai une nombreuse famille, « et vous ne manquerez jamais de princes ! »

FIN

TABLE

Tours. — Impr. Mame.

BIBLIOTHÈQUE DE LA JEUNESSE CHRÉTIENNE

FORMAT IN-8° — 3e SÉRIE

Ami de la Jeunesse (l'), par M. Vattier.
Anne de Bretagne, reine de France (histoire d'), par J.-J.-E. Roy.
Anthony, ou le Crucifix d'argent, par H. de Beugnon.
Aventures d'un Capitaine français, planteur au Texas, par Just Girard.
Aventures d'une Cassette (les), par Théophile Ménard.
Berthe, par Mme Boïeldieu-d'Auvigny.
Blanche de Marsilly, épisode de la révolution, par M. Albert Richard.
Bohémiens au xve siècle (les), par Henri Guenot.
Bougainville, par J.-J.-E. Roy.
Brave Crillon (le), par J.-J.-E. Roy.
Camille, par Mme L. de Montanclos.
Capitaine Rougemont (le), par Th. Ménard.
Causeries en famille, ou Conseils d'une mère, par Louise Lambert.
Claire de Rives, par Mme Vattier.
Cloche des Perdus (la), par Mme du Bos d'Elbecq.
Clocher du Village (le), par C. Guenot.
Curé d'Auvrigny (le), par Just Girard.
Duguay-Trouin, par Frédéric Kœnig.
Empire du Brésil (l'), par J.-J.-E. Roy.
Enfant de Troupe (l'), par Just Girard.
Excursion d'un Touriste au Mexique, publiée par Just Girard.
Fille du Pêcheur (la), par Mme Valentine Vattier.
Florence Villiers, traduit de l'anglais par le baron R. de St-Julien.
Grenadier de la République (le), Episode de la Révolution, par C. Guenot.
Histoire de la Lombardie, par A. Le Gallais.
Hunyad, ou la Hongrie au xve siècle, par M. l'abbé C. Guenot.
Jean Bart, par Frédéric Kœnig.
Jeanne de Bellemare, ou l'orpheline de Verneuil, par Stéphanie Ory.
Jeunesse de Michel-Ange (la), par Frédéric Kœnig.
Jeunes Voyageurs en Europe (les), par Antony Guichard.
La Tour d'Auvergne, dit le premier grenadier de France, par Frédéric Kœnig.
Laurence, par Mlle Louise Diard.
Léonard de Vinci, par Frédéric Kœnig.
Lucia Ugoni, épisode du règne de l'empereur Frédéric II, par A. Tholmey.
Maitresse de Maison (la), par Mlle S. Ulliac Trémadeure.
Marguerite d'Anjou (histoire de), par J.-J.-E. Roy.
Meilleure Part (la), Scènes de la vie réelle, par Mme Valentine Vattier.
Orphelin (l'), ou une Existence courageuse, par Mme Valentine Vattier.
Raphael, par Frédéric Kœnig.
Richard, ou le Dévouement à la famille des Stuarts, par A.-G. Lecler.
Rose Fermont, ou Un Cœur reconnaissant, par Mme Vattier.
Secret de la Bisaïeule (le), par Mlle Louise Diard.
Séphora, ou Rome et Jérusalem, par A. Lemercier.
Soirées d'Écouen, recueillies et publiées par Stéphanie Ory.
Souvenirs et Récits d'un ancien Missionnaire, par J.-J.-E. Roy.
Tourville, ou la marine française sous Louis XIV, par Frédéric Kœnig.
Un Français en Chine, par J.-J.-E. Roy.
Voyages, aventures et naufrage de Pierre Maulny, par Just Girard.
Voyage dans l'Inde anglaise, par J.-J.-E. Roy.
Walter Killanoe, scènes maritimes, par Henri Guenot.

Tours. — Impr. Mame

www.ingramcontent.com/pod-product-compliance
Ingram Content Group UK Ltd.
Pitfield, Milton Keynes, MK11 3LW, UK
UKHW022101260726
13993UKWH00001B/261

9 782019 993870